普天之下・盡是好書

普天出版家族
Popular Press Family

凌雲文創
A-Plus Creative Company

作家萊昂曾經寫道：「煩惱的利息，是由那些習慣用小事折騰自己的人來支付！」不要沒事自尋煩惱！這句話充滿著精闢的哲理，但真正瞭解並且身體力行的人卻屈指可數，否則，就不會有那麼多人動不動就為了小事鬱卒，動不動就用小事來折騰自己。耗盡我們生命的，與其說是重大的悲劇，不如說是瑣碎的小事所引起的煩惱，千萬別為小事煩惱，何不善用當下的時間，做好自己該做的事呢

別讓小事綁架自己

不再為小事煩惱の生活智慧

Don't Torment Themselves for a Trivial

宋時 編著

【出版序】

何不換個心境面對人生？

宋時雨

海倫．凱勒曾說：「信心是一種心境，有信心的人不會在轉瞬間就消沈沮喪。如果一個人從他的庇蔭所被驅逐出來，他就會去造一所塵世的風雨所不能摧殘的屋宇。」

聖嚴法師曾說過一段話，大意是說：「當我們面對人生難題時，必須告訴自己去接受它、面對它、處理它，然後放下它。」

人生在世，許許多多糾纏不清的困擾和煩惱，其實都源自於我們不願意認真活在當下，不願意冷靜理智地面對眼前的際遇，才會陷入自尋煩惱、作繭自縛的心靈禁錮之中，才不會讓小事綁架自己。

其實，人生的意義不在於生命流程到底發生了多少悲慘的事情，而是你如

何看待它們。

在一次飛行意外事故中，飛行員米契爾身受重傷，而且身上百分之六十五以上的皮膚都被燒壞了，爲此他動了十六次手術，才撿回一條命。

但是，手術之後，他既無法拿起叉子，無法撥接電話，也無法一個人上廁所。儘管生活變得如此難捱，米契爾仍然堅定地告訴自己，他不能就此被打敗，他不斷激勵自己說：「我絕對可以掌握自己的人生，我可以把目前的狀況看成是一個起點。」

奇蹟出現了，六個月之後他竟然又能開飛機了。

重新開始新生活的米契爾，在科羅拉多州買了一幢維多利亞式的房子，另外也買了房地產、一架飛機及一間酒吧。後來，他更和兩個朋友合資開了一家公司，專門生產以木材爲燃料的爐子，這家公司後來變成佛羅里達州第二大私人公司。

沒想到，就在米契爾開辦公司後的第四年，在一次飛行途中，飛機再次出了狀況，這次把他的脊椎骨全壓得粉碎，腰部以下永遠癱瘓。

但米契爾仍不屈不撓，努力讓自己的生命有所突破。

後來，他憑著堅韌的毅力，不但選上了科羅拉多州某個小鎮的鎮長，後來還競選國會議員，也拿到了公共行政碩士學位，並持續他的飛行活動、參與環保運動及公開巡迴演說。

某次演說時，米契爾相當感性地說道：「我癱瘓之前可以做一萬件事，現在我只能做九千件，我可以把注意力放在哀歎我無法再做的一千件事上，但是，我選擇把目光放在我還能做的九千件事上。」

喬治·彭斯曾說：「如果有什麼事不是你的力量能控制的，那麼就沒有必要發愁；如果你還有什麼辦法可想的話，那還有什麼好發愁的？」

無端地煩惱，無端地爲小事焦慮憂愁，是現代人的通病。如果事情不是你

能力所及，再怎麼煩惱也無濟於事，如果問題是你能夠處理的，又何必爲了一時的不順利而苦惱發愁呢？

米契爾的人生遭受過兩次重大災厄，但是，他從不把災厄拿來當放棄努力的藉口，他的故事提醒我們，人其實可以用另一個角度，來看待一些讓自己灰心沮喪的經歷。

我們可以退一步想想自己還可以做什麼，然後我們就會充滿勇氣地說：「過去那些不幸遭遇，其實沒什麼大不了的！」

不管事情如何轉折，重要的是你用什麼心態看待。人生就像坐在旋轉木馬上，儘管每轉一圈，眼睛所看到的景物都一樣，但是，心境不同就會有不同的感受與領悟。

生命的態度也是如此，不管事情怎麼發生，只要你堅持你的目標，清楚知道自己將怎麼前進，就算某一個夢想幻滅了，你也能夠沈穩地往前走你下一步的未來。

〔PART 1〕看法會決定你的做法

激勵大師皮爾博士在《人生的光明面》裡說：「逆境會使人變得更加偉大，也會使人變得十分渺小，它從來不會讓人保持原來模樣。」

Don't Torment Themselves for a Trivial

【PART 2】

改變腦袋才可能擁有未來

英國詩人布萊克曾說：「固執己見的頭腦，就像是一潭死水，養育著專門危害思維的爬蟲。」

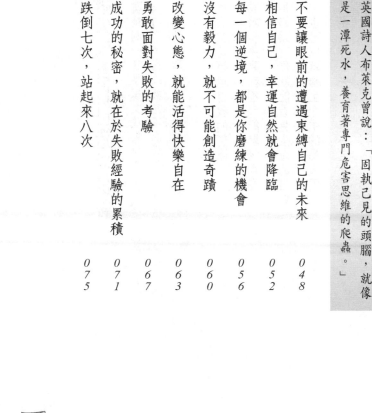

PART3 不要讓失敗對自己造成傷害

奧地利心理學家艾德勒說：「你愈不把失敗當作一回事，失敗就愈不能對你造成傷害，只要保持心態的平衡，成功的可能性也就愈大。」

Don't Torment Themselves for a Trivial

PART4 不再執著，便能解開困惑

當我們向神明用力傾訴心中的困境之後，真正幫助我們解開心中結的人，從來都是我們自己啊！

【PART5】立志當珍珠，不要當沙子

作家A．芭芭耶娃在《人和命運》裡說：「不必誇耀自己擁有什麼才能，關於這一點，別人要比我們看得清楚。」

PART 6

放下痛苦，才能找回幸福

無論怎麼辛苦難過，我們仍要靠著自己力量學會放下，重新振作，重新尋找出口，才能找出真正願意與我們相伴一輩子的真命情人。

PART7

跨出第一步，才能步向成功之路

「千里之行始於足下。」開始時總是孤單乏味的，但我們仍要一步步踏實無虛的走到目標，這樣的成功才真實。

【PART 8】

心情樂觀就能渡過難關

二十世紀最偉大的發明家愛迪生曾說：「不管環境變換到何種地步，我的初衷與希望仍不會有絲毫的改變。」

【PART 9】

態度正確才能擁有一切

了解自己的興趣喜好，更了解自己的缺陷問題，才能即時修正自己的不足和腳步，也即時抓住真正屬於我們的生活方向。

1. PART

看法會決定你的做法

激勵大師皮爾博士在《人生的光明面》裡說：

「逆境會使人變得更加偉大，

也會使人變得十分渺小，

它從來不會讓人保持原來模樣。」

別再渾渾噩噩過日子

西班牙大作家塞萬提斯在《唐吉訶德》裡寫著：「勇敢的人開鑿自己的命運之路，每個人都是自己命運的開拓者。」

《傷心咖啡館之歌》的作者卡森．麥卡勒斯曾經寫道：「當你累得滿頭大汗，事情還是沒有起色，這時你的心靈深處便會泛起一個問號，難道這就自己想要的生活嗎？」

其實，想要擁有什麼生活，往往取決於你怎麼做，而不是你做了什麼。一個不能用智慧主宰自己生活的人，將永遠只配做生活的奴隸！

先闔上書一分鐘，仔細想想現在的你，日子是怎麼過的。

審視得如何呢？現在的情況眞的是你想要的嗎？

如果不是，這樣的日子有人逼你過嗎？

看完下面這一則故事，必定會讓你在莞爾之餘，心中有一些感觸。

二十世紀初，有個愛爾蘭家庭打算要全家移居到美洲，但是，他們非常窮困，沒有足夠的經費，於是辛苦工作、省吃儉用了三年，總算才存夠錢買了去美洲的三等艙船票。

上船之後，他們被帶到甲板下方睡覺的地方，一家人以爲整個旅程中他們都得待在這個擁擠的小房間裡，而且他們也確實這麼做了，每天都吃著自己帶上船的少量麵包和餅乾充飢。

這樣一天過了一天，他們總是以既嫉妒又羨慕的眼神看著頭等艙的旅客，神情愉快地在甲板上吃著奢華的大餐。

正當輪船快要抵達美洲大陸的時候，其中有一個孩子餓得生病了。

父親情急之下便去找服務人員，請求他們幫忙：「先生，求求你，能不能賞我一些剩菜剩飯給我的小孩吃？」

服務人員聽了這番低聲下氣地話，訝異地回答說：「你爲什麼這麼問呢？這些餐點你們也可以吃啊！」

「眞的嗎？」父親吃驚的問：「你的意思是說，整個航程裡，我們都可以和其他人一樣用餐嗎？」

「當然可以！」服務人員以驚訝的口吻說：「在整個航程裡，這些餐點都會供應給你和你的家人，你們的船票只是決定你們睡覺的地方，並沒有限制你們的餐點。」

西班牙大作家塞萬提斯在《唐吉訶德》裡寫著：「勇敢的人開鑿自己的命運之路，每個人都是自己命運的開拓者。」

其實，很多人都有著故事中相同的狀況，以爲目前的位置就是一輩子必須

待的地方，絲毫不知道他們可以和其他人一樣，享受同樣的權利，甚至過得比別人還要好。

成功並非遙不可及的夢想，但是必須靠你自己努力爭取。過去的你如果過著渾渾噩噩的日子，就應該在今天覺醒，爲燦爛的明天打好基礎。不要老是活在過去的窠臼裡，你一定可以走出來，努力爭取你所夢想的園地。

馬利丹曾經寫道：「讓人最難受的，不是被剝奪曾經擁有的東西，而是被剝奪未曾有過，並不真正了解的東西。」

的確，現實中的困難皆可克服，唯獨憑空想像的困難無法解決。

其實，生活的本身既不是快樂，也不是痛苦，而是快樂和痛苦的容器，就看你想把它變成什麼……

失去了信念，你就會失去了一切

法國思想家沙特在解釋「存在主義」時說：「只有當一個人堅定自己的信念時，他才有生存下去的勇氣。」

《天路歷程》的作者約翰．班揚告訴我們：「碰到變故，開始時我們會楞住，可是過了一段時候，我們便能學會鎮靜、忍耐。」

不可否認的，要培養這樣隨遇而安的應變態度有點困難，可是，假使我們懂得知足，充滿希望和勇氣，便會發現人生並不如想像中的暗淡。

你爲什麼而活著，又用什麼角度看待你的人生？

先認清你的生命態度，那麼，就算再顛簸的路，也會因爲你清楚自己的人

生目標而被雙腳踏平。

很久以前，紐約警局發生過一個眞實的悲慘故事。

有位叫亞瑟爾的警察，在一次追捕行動中，不幸被歹徒用槍射中了他的左眼和右腿膝蓋。

三個月後當他從醫院裡出來時，外表完全變了個樣，原本他是高大魁梧、雙目炯炯有神的年輕人，如今卻成了一個又瞎又跛的殘障人士。

紐約市政府和各種打擊犯罪組織頒給了他許多勳章和錦旗，他在接受訪問時，有個電台記者曾問他：「您以後將如何面對這個厄運呢？」

他充滿怨恨地回答說：「我只知道歹徒到現在都還沒有繩之以法，我發誓要親手把他抓到！」

亞瑟爾不顧任何人的勸阻，展開了追捕那個歹徒的行動，他幾乎跑遍了整個美國，甚至有次爲了一個線索獨自搭機到歐洲去。

九年之後，那個歹徒終於在亞洲某個小國被逮捕，引渡回美國受審，這當然必須歸功於亞瑟鍥而不捨的追捕。在慶功會上，他再次成了英雄，許多媒體稱讚他是全美國最堅強勇敢的人。

但是，沒有想到幾天之後，亞瑟爾竟然割腕自殺，留下遺書說：「這些年來，讓我活下去的信念就是抓住兇手……，現在，傷害我的兇手已經判刑，我的仇恨化解了，生存的信念也隨之消失。面對自己的傷殘，我從來沒有像現在這樣絕望過……」

法國思想家沙特在解釋「存在主義」時說：「只有當一個人堅定自己的信念時，他才有生存下去的勇氣。」

亞瑟的結局很悲壯，卻又有那麼點滑稽，九年的艱苦日子都走過來了，到了最後爲什麼還會喪失生存的信念呢？

生命很脆弱，人的一生能有多少機會經歷大難而不死？

也許我們不能苛責亞瑟爾，但是在活下來的緝凶過程中，他卻看不見生命的難能可貴，也許應該說，在被兇手射傷的那一刻，他早已經死去，支撐他肉體繼續存活的是一股旺盛的復仇意念。

後來，亞瑟爾之所以失去了生存的意念，其實是他已經不知道自己爲什麼要活下來。

亞瑟的故事不啻提醒我們，不管經歷多大的困難，不管面對了多大的生命困境，失去一隻眼睛，少了一條腿，這些都並不要緊，可一旦失去了積極活下去的信念，就什麼都失去了。

看法會決定你的做法

激勵大師皮爾博士在《人生的光明面》裡說：「逆境會使人變得更加偉大，也會使人變得十分渺小，它從來不會讓人保持原來模樣。」

普卡利烏斯曾說：「消除煩惱的最好辦法，就是別讓小事佔據你的頭腦。」

確實如此，千萬別爲小事煩惱，不要讓小事綁架自己的腦袋，更不要用負面的情緒折磨自己！

不可否認的，一些外在的因素常常會影響一個人的命運，但是，一個人的命運主要還是掌握在自己的手中。

每個人都是自己命運的設計師，命運最後會變成什麼模樣，全在於我們對生命抱持的看法。

艾美是個聰明美麗的美國女孩，不幸的是，她出生之時，兩腿就沒有骨頭，一歲的時候，她的父母做出了充滿勇氣卻備受爭議的決定，把艾美膝蓋以下的部位截切，從此，艾美一直在父母懷抱和輪椅中生活。

長大後，艾美裝上了義肢，憑著驚人的毅力，她不僅能跑步，還能跳舞和溜冰，還經常到學校或傷殘人士的聚會上演講；她也當過模特兒，常常出現在時裝雜誌的封面上。

希西也是一位知名的殘障人士，然而，和艾美不同的是，希西並非天生就是殘疾，殘廢之前，她還曾經在英國《每日鏡報》的「夢幻女郎」選美賽中，一舉奪后冠。

一九九〇年她到南斯拉夫旅遊時，決定僑居下來。在南斯拉夫爆發內戰期

間，她設立難民營，並用模特兒賺來的錢設立基金會，幫助因爲戰爭而殘障的兒童和孤兒。

不幸的是，一九九三年八月，她被一輛警車撞倒，肋骨斷裂，還失去了左腿。但是，她沒有被這個不幸遭遇擊垮，反而更加堅強地生活，後來她還到柬埔寨、車臣等地呼籲禁雷，爲殘疾人爭取權益。

也許是緣分，希西和艾美某次會見國際著名義肢專家時相識。如今她們兩個人可說是情同姐妹，雖然肢體不全，但是她們從不覺得這是什麼人生憾事，反而覺得正是這種特殊的人生體驗，給了她們堅韌的意志和生命力。

她們現在使用著義肢，也能行動自如，只要不掀開遮蓋著膝蓋的裙子，幾乎沒有人能看出這兩位美女套著義肢。許多不知情的人常常稱讚她們：「妳的腿形長得眞美，看這線條，看這腳踝，看這腳趾甲塗得多漂亮啊！」

艾美說：「我雖然從小就失去雙腿，但是，我和世界上其他的女性並沒什麼不同，我也愛打扮，也希望自己更有女人味。」

她們過著知足的幸福日子，幾乎忘了自己的殘缺，人生在她們眼裡是那麼

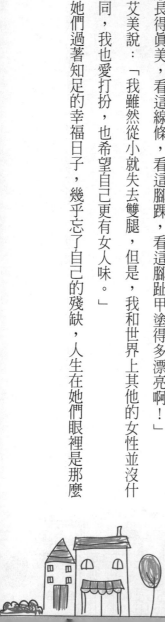

的美好，她們從不怨天尤人。

激勵大師皮爾博士在《人生的光明面》裡說：「逆境會使人變得更加偉大，也會使人變得十分渺小，它從來不會讓人保持原來模樣。」

在我們的生活當中，有一半的事是好的，一半的事是不好的。

如果，你希望能過得快樂，就應該把精神放在這百分之五十的美好事物上面；如果你喜歡憂傷、沮喪，或煩惱得胃腸潰瘍，那麼誰也無法阻止你，你就把精神放在那百分之五十的壞事情上吧！

痛苦，會讓你脫胎換骨

美國作家華盛頓．歐文在《見聞札記》裡寫道：「小人物在不幸中卑躬屈膝，大人物在不幸中挺身而起。」

爲什麼最珍貴的藥材往往得在深山裡才找得到？爲什麼最新奇古怪的海洋生物都生活在最深層的海底？

這些植物或生物是在人們找尋的時候才被發現，它們生長的環境是那樣的惡劣，但正因爲生長不易，它們也往往具備了其他動植物所沒有的價值，人生不也正是如此嗎？

在里昂的一次社交宴會上，與會的賓客因爲討論掛在牆上的一幅油畫而發生了爭論，主人看到雙方的爭執越來越激烈，爲了緩和氣氛，便轉身找來一個年輕僕人解釋這幅作品。

起初，客人們對主人的做法深深不以爲然，但是，令他們驚訝的是，這僕人的解說有條不紊，深具說服力，衆人的爭論立刻平息下來。

一位客人感到相當納悶，便態度恭敬的問這僕人：「先生，您眞是學識淵博，是從什麼學校畢業的？」

這位年輕僕人不卑不亢地回答說：「我在很多學校學習過，但是，讓我花最多時間也獲得最大的收益，就是『苦難』。」

這位年輕僕人的苦難遭遇，對他而言很有助益，儘管當時的他只是一個貧窮而低微的僕人，但是不久之後，他便以卓越的智慧震驚了整個歐洲，而且舉世聞名，他就是法國最著名的哲學家盧梭。

有一位名叫道格拉斯的黑奴，從小連最基本的身體都不屬於自己，因爲在他出生之前，他就被家人拿去抵債了，出生之後，他就註定有一段辛苦的人生路要走了。

因此，道格拉斯成長的過程中，不僅沒有機會上學讀書，連農場主人也不允許他自修學習。

但是，道格拉斯並沒有放棄自修，只要主人一不注意，他就會從廢報紙、藥單、日曆上學習文字，而且非常努力，從不間斷。

二十一歲的時候，道格拉斯終於逃離了農場，到北方的紐約當搬運工，並參加反奴隸運動。

後來，他在紐約辦過報紙，在華盛頓編輯過《新時代》雜誌，而且還成爲哥倫比亞地區聯邦法官和美國的第一個黑人議員。

美國作家華盛頓．歐文在《見聞札記》裡寫道：「小人物在不幸中卑躬屈膝，大人物在不幸中挺身而起。」

在肥沃的土地上會有盛開的美麗花朵，但強風一掃就會傾倒，唯有那些從岩縫中生長的參天大樹，才能在狂風暴雨中屹立不搖。

生命的痛苦和磨難，往往是一個人脫胎換骨、向上躍昇的契機。

珍惜眼前的生活，沒有經歷過坎坷磨難的人，永遠領略不到人生的美好，永遠不會超越常人的成就。

有機會遇上逆境也是一種幸福

愛因斯坦曾說：「通向人類真正的偉大的道路只有一條，那就是苦難的道路。」

在人生旅程中，並不是每一種我們遭遇到不幸都是災難，有時只是新生活的開端。只要我們以堅定的心情去面對人生中無法避免的災厄，很多時候，逆境就會變成是另一種的祝福。

只要我們能轉換自己的心境，便能知足樂觀地繼續走向人生旅程！

古希臘時代，雅典城有一個名叫基里奧的奴隸，很有藝術的天份。

一天，他正在創作的時候，希臘官方竟頒佈了一條法律，規定奴隸若是從事藝術創作，就要判處死刑。這項法令無疑宣告基里奧的創作生命死亡了，因爲他已經把整個生命和靈魂都投入在他的雕塑作品上。

基里奧的姐姐聽到了這項法令，和她的弟弟一樣，心中也感受到巨大的打擊。但是，她鼓勵著基里奧說：「你搬到我們房子下面的地窖去創作，一切生活上的需要，我都會供應你，你不必擔心，好好去做你想做的工作，我相信上帝會保佑我們。」

基里奧在姐姐保護和協助下，日以繼夜地進行著危險的藝術創作。

不久，雅典舉行了一個藝術展覽會，由身兼政府要員的藝術家波力克主持，希臘當時最著名的雕塑家菲狄亞斯、哲學家蘇格拉底，以及其他有名的大人物都參加了。

他們發現，在展覽作品中，有一組雕塑特別突出、耀眼，比其他作品都要出色。這組大理石雕塑吸引著了所有人的注意，藝術家們都同聲讚嘆。

波力克於是問道：「這是誰的作品？」

但沒有人應聲，波力克又重複問了一次，還是沒有人回答。

在一片靜默中，忽然有一個少女被士兵拖了出來。這個少女緊閉著嘴，眼中閃爍著堅定的神情，拖著她的士兵向波力克報告：「她知道這個雕塑的來源，但是她堅決不肯說出雕塑者的名字。」

士兵一再追問，但是少女仍然不說話，士兵恐嚇她再不說話就會被懲處，但是她還是緊閉著嘴巴。

波力克見狀，說道：「那麼，就把她關進地牢去。」

就在這時，一個滿頭長髮、面容憔悴，奴隸模樣的年輕人衝到波力克面前，哀求說：「求你放了她吧，是我，那組雕塑是我的作品。」

這時，現場的人鼓噪了起來，呼喊著：「處死他！該死的奴隸！」

但是，波力克站了起來，說道：「不！只要我還活著，就要保護那組雕塑！法律最崇高的目標就是要保護和發展美好的事物。雅典之所以能聞名世界，那就是因爲她對不朽藝術的貢獻，這位年輕人不應該處死，而應該站在我

的身邊！」隨即，波力克命令助手把手裡的桂冠戴在基里奧頭上。

二十世紀最偉大的科學家愛因斯坦曾說：「通向人類真正的偉大的道路只有一條，那就是苦難的道路。」

我們所要面對的，除了發生在我們身上的每一件事之外，還要留意我們所要做出的反應是不是會造成自己和別人的傷害。

生活中無法迴避的困難會教導我們，應該以堅定的心情去迎接未來，縱使是在極爲困難的處境中，也要保持自己的精神力量。

如此一來，不僅可以超越痛苦和環境，更可以從體現的價值中，激勵、鼓動我們的生活。

你可以選擇走向不同的人生道路

德國思想家歌德在《感想集》裡寫道：「能把自己生命的終點和起點連接起來的人，是最幸福的人。」

種種摧殘人生的不幸事件，不斷地在我們週遭發生，只要不幸碰到了，往往使人心灰意冷、怨天尤人。

然而，這時憂愁、焦慮、埋怨都於事無補，你必須告訴自己，只要勇於面對，再艱困的事也總會找到解決的辦法。

人的一生當中會有很多選擇題，但這些題目卻沒有公式可以套用，也沒有所謂的標準答案。

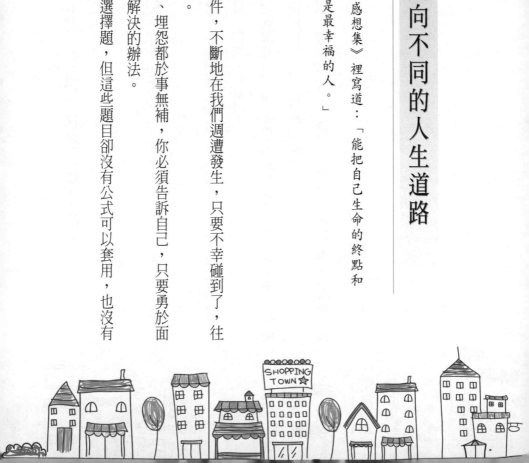

雖然每個人的選擇都不同，但是，每個人心中都有各自的標準答案。

榮登美國職棒名人堂的打擊好手R．熱弗爾是在底特律貧民區裡長大的黑人，由於缺乏關愛和指導，童年時期他就跟其他的孩子們一樣，學會了逃學、偷竊和吸毒。

剛滿十二歲那年，他就因爲搶劫一家商店而被逮捕，被送進少年感化所；到了十五歲的時候，他因爲企圖撬開辦公室裡的保險箱再次被捕，進了少年監獄；後來，他又因爲搶劫鄰近的一家酒吧，第三次被送入監獄。

有一天，監獄舉辦壘球比賽，一個年老的無期徒刑犯人看到他壘球打得很出色，便鼓勵他說：「小伙子，你還年輕，有能力去做些你想做的事，別再自暴自棄了。」

熱弗爾聽到後，心中不禁一震，回牢房後反覆思索老囚犯的話，終於做出了生命中最重大的決定。

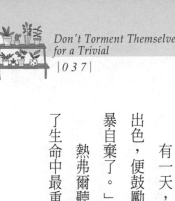

雖然他還在監獄裡，但他突然意識到，他和一輩子都得在監獄渡過的老囚犯不同，因爲他還有機會選擇出獄之後要做些什麼事，他可以選擇不再入獄，他要選擇重新做人，當一個棒球選手。

五年之後，這個年輕人成了美國職棒大聯盟中底特律老虎隊的隊員，因爲，一個偶然的機會裡，底特律老虎隊領隊馬丁訪問監獄，發現了熱佛爾的棒球天分，便努力協助他早日假釋出獄。

不到一年，熱弗爾就成了老虎隊的主力隊員。

儘管熱弗爾出生在社會的最底層，曾經是被關進監獄的囚犯，然而老囚犯的一番話，終於讓他意識到自己的生命不只如此，還有各種可能，於是選擇走向自己想走的路。

德國思想家歌德在《感想集》裡寫道：「能把自己生命的終點和起點連接起來的人，是最幸福的人。」

故事中，身陷牢獄的熱弗爾可以自暴自棄地告訴自己：「現在我在監獄裡，人生一片黑暗。」但是，聽了老囚犯的勸導，他卻願意這麼想：「我要選擇走向不同的人生道路。」

自由選擇的權力，是你開創美麗遠景最有力的工具。

人生充滿選擇，不管是想法，還是前進的路途。沒有人會架著你要選擇走哪一條路，也沒有人能逼著你一定要怎麼想。

你想走向什麼道路，過什麼生活，這些都是屬於你自己的選擇權，如果你不自己在心中做好決定，那麼，縱使有再多的人伸手要幫你一把，你也會失手錯過每一次機會。

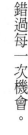

充滿鬥志就能創造自己的價值

印度詩聖泰戈爾在《沈船》中寫道：「上天完全是為了堅強我們的意志，才在我們的道路上設下重重的障礙。」

生活是一場「戰鬥」，無論身處什麼社會地位，人只要勇於追求自己的夢想，都有生存的價值和意義。

即使是出身最低微的人，只要他對生活抱持真誠的態度，那麼他不僅擁有了當下，也能掌控未來。

牛頓是英國格雷哈姆附近一個地產商的兒子，拉普拉斯則是漢弗勒爾附近的波蒙特福奇一位貧窮農民的兒子，他們的生活有著不同的困境，但這兩位傑出科學家盡情發揮他們的天賦，終究在自己專精的領域功成名就，這種成就是任何財富也無法買到的。

天文學家兼數學家拉格萊姆的父親，原本在都靈擔任戰地財務主管，然而卻因爲多次從事投機的生意，把家產全部賠光了，拉格萊姆一家從此生活貧困。但是，功成名就之後，拉格萊姆總習慣把他的成就和幸福，歸功於當初的艱困生活條件對他的磨練。

拉格萊姆這麼說：「如果當初我的生活是富裕的話，很可能今天的我，就當不成數學家了。」

印度詩聖泰戈爾在《沈船》中寫道：「上天完全是為了堅強我們的意志，才在我們的道路上設下重重的障礙。」

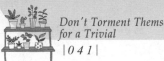

許多成功人士都是憑著自己的努力和充滿活力的奮鬥，從最低微的社會底層攀爬到具有影響力的傑出地位。

因此，我們可以這麼說：「不幸，是一所最好的大學。」身處困境或出身低微並不可恥，可恥的是在貧困中沈淪、墮落。在困境之中，你越要激勵自己奮發向上，因爲，艱困的情況將會是你走向成功不可或缺的有利條件。

給自己多一點掌聲

法國思想家蒙田在《隨筆》裡寫道：「我不在乎我在別人的心目中是如何，而是更重視在我自己的心目中如何；我要靠自己而富足，不是靠求助於人。」

美國作家德萊塞在《嘉麗妹妹》中寫道：「只要你對人生還抱著希望，你的幸福就有實現的一天。」

希望是支撐一個人活下去的支柱，信心是追求幸福的動力，「知足就是幸福」則是迎向美好未來的樂觀積極心態。

每天告訴自己，你是獨一無二的，告訴自己，你就是第一。

每個人都有屬於自己的獨特才能，只要你相信自己，建立自己的信心，世

界就會追隨在你的身後。

美國著名的推銷大王吉拉德，很小的時候就隨父母從義大利搬到了美國，在底特律的貧民區度過了悲慘的童年，生活中的痛苦和自卑，一直是他走不出來的傷痕。

每天必須爲生活奔波勞碌的父親，總是告訴他：「認命吧，你是註定得一事無成了。」這種宿命的說法令他十分沮喪，常常想著自己暗淡無光的前程，而苦悶悲傷不已。

但是有一天，他的母親卻這樣告訴他：「世界上沒有誰跟你一樣，孩子，你是獨一無二的。」

從此以後，他重燃起了新希望，開始認定自己就是第一，沒有任何人可以比得上自己。建立起自信的他，也奠定了成功的基礎。

他第一次去面試時，這家公司的秘書跟他要名片，他不慌不忙地遞上一張

黑桃A，這個怪異的舉動讓他得到立即面試的機會。

面試時，經理疑惑地問他：「你是黑桃A？」

「是的。」他信心十足地回答說。

「爲什麼是黑桃A，不是別的？」

「因爲A代表第一，而我剛好就是第一。」

就這樣，他被錄取了。想知道後來的吉拉德嗎？

他眞的成了世界第一的推銷員，業績是年銷量一千四百二十五輛車，創造了輝煌的紀錄，不簡單吧！

這是因爲，吉拉德每天睡前都會不斷地對自己說：「我是第一。」

這樣的自我暗示，更加堅定了他的信心和勇氣，日積月累之後，他的自然得到了有力的潛移效果。

如何，要不要學學吉拉德的自我激勵方法？就從現在開始，每天多給自己

一點激勵吧！

法國知名的思想家蒙田曾在《隨筆》裡如此寫道：「我不在乎我在別人的心目中是如何，而是更重視在我自己的心目中如何；我要靠自己而富足，不是靠求助於人。」

不管別人怎麼看你，不管別人怎麼說你，最重要的是，你就是你，像手上的指紋，全世界不會有人是一模一樣的情況相同，你就是那樣的獨一無二。記住，一個連自己都不相信的人，就別指望別人相信，再多人的鼓舞，怎麼也比不上你給自己的掌聲。

2. PART

改變腦袋才可能擁有未來

英國詩人布萊克曾說：

「固執己見的頭腦，就像是一潭死水，

養育著專門危害思維的爬蟲。」

不要讓眼前的遭遇束縛自己的未來

維克多．弗蘭克說：「生命當中，只有一種東西是不可剝奪的，那就不管在什麼情況下，你都有選擇自己態度的自由，選擇如何面對未來的自由。」

很多人會說人生充滿無奈，大部分時候根本由不得自己去做選擇，因而把一切都歸諸於機遇。

你也是這麼宿命地認為嗎？

其實，機會是人創造出來的，還是老天註定好的，本身就是一種選擇，你可以選擇聽天由命，也可以選擇跳脫命運的束縛。

國際著名的精神分析專家維克多．弗蘭克，由於猶太人的血統，在第二次世界大戰時曾被關進德國集中營。

他曾是傳統心理學派下長大的宿命論者。傳統心理學派認爲，一個人的品格和性格從小就已經奠定，而且也會決定人的一生，人的造化在出生之時就大勢已定，永遠也走不出這個定數。

弗蘭克被關進納粹集中營後，遭受到種種凌虐，他的父母、兄弟和妻子，不是死於集中營裡就是被送進了毒氣室。弗蘭克時常遭到拷打和侮辱，心裡也擔心著自己不知道什麼時候會走進毒氣室。

一天，當他被剝去衣服，單獨囚禁在一間窄小的牢房裡，在驚慌失措的冥思時，開始意識到了自己還擁有「人類最後一點自由」，這種自由是蓋世太保無法剝奪的。

蓋世太保可以控制他的生存環境，他們可以對他的肉體百般凌辱，但是無

法剝奪他的思想，他可以像一個旁觀者那樣注視著自己正陷入的境遇。

他可以由內心來決定如何面對這一切，在他身上發生的事情，不管如何屈辱、悲慘，他都可以選擇自己要做出哪種回應。

每當遇到殘酷的虐待，弗蘭克就會設想自己處在不同的環境中，想像自己從集中營脫困出來，或是想像和家人團聚的景況。他試著改變、調適自己，告訴自己一定還有機會，因爲他的思維能自由飛翔。

通過這樣的自我鍛鍊，漸漸地，他覺得自己比看守他的納粹獄卒具有更多的自由。因爲他發現，表面上這些獄卒可以行動自由，但是在心靈上他們卻是被囚禁的。也因此，他成爲周圍囚犯的力量源泉，幫助同伴尋找到受苦的意義，尋找到活下去的勇氣。

二次大戰後，重獲自由的維克多．弗蘭克說：「生命當中，只有一種東西是不可剝奪的，那就不管在什麼情況下，你都有選擇自己態度的自由，選擇如

何面對未來的自由。」

確實如此，任何時候我們都可以自由的選擇，對於生活我們也有選擇的權利，選擇改變平庸的生活，選擇生命如何過得精采。

相信自己就是生活的主宰，知道自己必須掌握生活的主導權，就能做下每一個影響未來的決定。

也許，你有一段難以言喻的不幸過去，但是千萬不要讓過去束縛你的未來。要記住，你的一生都掌握在自己的手裡，如果你不滿意現在的生活，那就趕快改變自己的生活態度，重新選擇自己的人生。

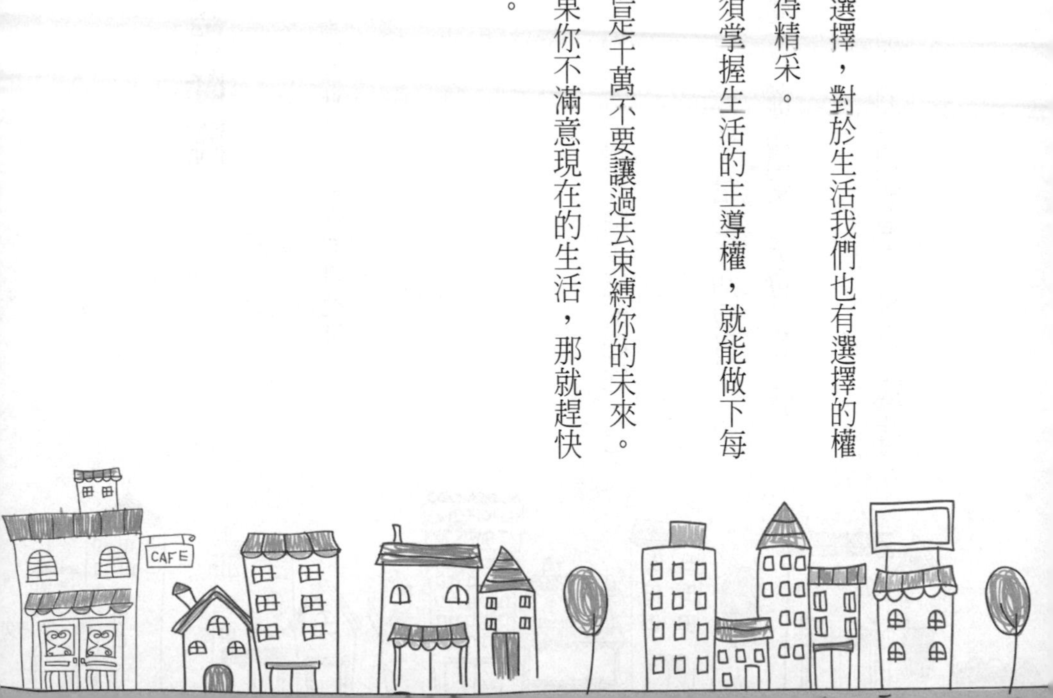

相信自己，幸運自然就會降臨

美國作家桑塔亞納曾說：「哥倫布發現了一個世界，卻沒有用航海圖，他用的是在天空中釋疑解惑的『信心』。」

一塊磁鐵可以吸起比它重十二倍的重物，但是，如果你除去它的磁性，它甚至連輕如羽毛的東西都吸不起來。

人也有兩種，一種是有磁性的人，他們對自己充滿了信心，知道自己一定會成功；另外一種是沒有磁性的人，他們充滿了畏懼和懷疑，機會來臨之時，他們卻說：「我可能會失敗，人們會恥笑我。」

於是，這類人在生活上一無所成，這是因爲他們害怕前進，所以只能停留

在原地打轉。

阿爾法原本經營農具買賣的小本生意，過著平凡的生活，但是他並不滿足這種情況。他覺得房子太小，也沒有足夠的金錢購買自己想要的東西，儘管他的妻子從來都沒有抱怨，只是阿爾法總是想著：「我的內心深處越來越不滿足，特別是我看見妻子和兩個孩子都沒有過好日子之時，心裡總是有著深深的愧疚感。」

後來，阿爾法的生活有了極大的變化，他不僅擁有一個佔地二英畝的漂亮新家，也不用擔心能否送孩子上一所好的大學，妻子在花錢買衣服的時候也不再有過去那種罪惡感。他發現這才是他眞正想過的生活。

這一切的發生，是因爲他運用了信念的力量。

有一天夜晚，他坐著沉思，突然感到自己非常可憎。

「到底是什麼原因呢？爲什麼我老是失敗？」

於是，他拿了一張信箋，寫下五個自己非常熟悉的、在近幾年內成就遠遠超過他的人名。

他問自己：「什麼是我這五個朋友的優勢？」

他把自己的智力、能力與他們做了一番比較，終於，他想到了另一個成功的因素，那就是自信心。

當時已經凌晨三點了，但是他的腦子卻十分清醒，因爲他發現了自己無法出人頭地的弱點。

從小，他就很缺乏自信，總是在自尋煩惱，總是對自己說不行，因此所做所爲幾乎都是在表現這種自我貶抑。

現在，他終於明白，如果自己都不信任自己的話，那麼就沒有人信任他，於是他決定，從今以後要徹底改變自己。

經過深刻反省之後，他認識到自己的價值，結果，他成功了，得到了自我認同的無限價值。

大多數的痛苦，其實都來自於錯誤心態與偏執的想法，不願面對，不願放下，最後當然淪爲生活的囚徒。

美國作家桑塔亞納曾說：「哥倫布發現了一個世界，卻沒有用航海圖，他用的是在天空中釋疑解惑的『信心』。」

你對自己有多少認同，你對自己有幾分自信？

不管眼前的際遇如何，只要懷抱著希望，人生隨時可以重新開始，阿爾法的故事無疑是最好的示範。

請相信你自己，別人如何看你並不重要，重要的是你怎麼看自己，只要你確認了自己的生命意義和生活目標，幸運自然就會降臨。

每一個逆境，都是你磨練的機會

日本作家池田大作在《青春寄語》裡寫道：「成功絕對不是別人賜予的，而是一點一滴在自己生命之中築造起來的。」

只有具備不怕失敗的勇氣與鬥志，才可能打造最成功的自己。

一個不敢迎接生命中的各種挑戰，也不懂得將逆境視爲磨練機會的人，成功之路終將遙遠漫長。

回想一下小時候，爲了學會騎腳踏車，我們不是常常摔車，而且弄得渾身是傷，但是我們還不是把它學會了？

找回學騎腳踏車時的精神，把每一個逆境都視爲考驗，只要克服了困境，

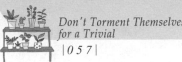

你就能因爲堅強，而擁有更豐富精采的人生。

《百年孤寂》的作者馬奎斯，被全球權威文學評論家推選爲世界十大作家之首時，曾說了這樣一段話：「我非常感謝文學評論家對我的厚愛，我也非常珍惜這些榮耀，但是，我更珍惜創作過程所受的各種打擊、挫折和失敗。至今我仍然清楚地記得偉大的編輯家德託雷先生，要不是他毫不留情地退回了我的第一部小說，我就不會有如今的成就……」

原來，馬奎斯二十二歲時，完成了第一部小說《獨裁者的秋天》，這是一本現今各文學評論家評價非常高的作品；可是在當時，這部書稿卻屢遭各出版社退稿的命運。

有一次，當他把書稿送到阿根廷著名的洛柯達出版社後，不久便收到該社審稿的編輯，西班牙著名文學評論家德託雷寄來的退稿，其中還附了一張嚴峻批評：「此書毫無價值，甚至在藝術上也無可取之處。」

這位偉大的編輯家還給他一個相當苛薄的忠告，建議馬奎斯最好改行，從事其他工作，免得浪費生命。

受到這樣嚴厲的批評，相信一般人會因而放棄，甚至會罵德託雷太狂妄高傲了，但馬奎斯在榮獲十大作家之首時，卻以非常誠懇的態度，讚美德託雷是個偉大的編輯。因爲，要不是德託雷的嚴厲批評，馬奎斯就不會有今天這麼偉大的成就。

這次退稿，反而讓馬奎斯更積極磨練自己，因爲他不服氣，儘管面對重重的挫折和失敗，仍然咬緊牙關持續創作，終於榮登世界文學的最高峰，成爲世界級的大師，也得到諾貝爾文學獎殊榮。

不要因爲暫時的困頓而自怨自艾，也不要因爲一時的厄運而怨天尤人，只要願意面對，事過境遷之後你就會發現，這些曾經讓你煩憂不已的事情，只不過是人生當中的一小段插曲。

日本作家池田大作在《青春寄語》裡寫道：「成功絕對不是別人賜予的，而是一點一滴在自己生命之中築造起來的。」

每一個跌倒，都要把它當作成功之前必經的磨練。

小時候騎腳踏車跌倒，我們可以拍拍屁股繼續練習，現在遭遇失敗挫折，不也應該保有這種精神？

不一定是準備成爲世界級的人物，才需要這樣的堅強，要記住，樂觀地看待眼前的生活，每一種困境都是你磨練的機會，越是嚴苛的考驗，越能讓你有不平凡的磨練和啓發。

沒有毅力，就不可能創造奇蹟

英國物理學家哈密頓就曾說：「只要有耐心，感覺敏銳，即使智力不佳，也能在物理學上有新發現。」

你一定聽過，有些人的一天是四十八小時吧！

你覺得不可思議嗎？

其實一點也不，因爲對他們而言，沒有什麼分配不了的時間；有效率、有毅力的人，時間是在他們的手中任意調配的。

德國著名的詩人歌德一生成就非凡，但是，誰也沒想到，他其實是一位業餘的作家。二十六歲時，艾瑪公爵請他擔任行政方面的工作，還要長期負責舞台的監督工作，一直到了晚年他才有較多的時間寫作。

歌德流傳於世的著作共有一百四十三本，其中有一本世界文學的經典之作《浮士德》，內文長達一萬二千一百十一行。

這些著作是他以驚人的毅力，不浪費生命裡的每一分每一秒，用盡一切辦法，把每一個空檔時間都充分利用的成果。

如果把時間視爲流水，那麼你也可以像歌德一樣，用毅力把流水積聚起來，做個可以爲自己人生發電的「攔水壩」。

沒有毅力就不會有奇蹟，在成功案例裡的每一個成功者，都是善於運用時間縫隙的人。

正如達爾文所說的：「任何科學發明，都得經過長期的考慮、忍耐和勤奮

才能成功。」所有科學家都公認，毅力甚至比智力還要寶貴，例如，英國物理學家哈密頓就曾說：「只要有耐心，感覺敏銳，即使智力不佳，也能在物理學上有新發現。」

這也就很多公司在應徵人才的時候，爲什麼會有這樣的一條要求：「要能刻苦耐勞」，現在你明白其中道理了吧！

那你呢，有沒有具備這樣的特質？

美麗的人生，因爲有風有雨點綴，才會顯得更加壯麗，生活不可能總是一帆風順，唯有堅持不懈，才會擁有這美麗人生。

人生不必苦短，因爲你可以掌控你的時間，只要充滿毅力，時間會因爲你的努力而加長；對於沒有決心的人，爲了避免他們過度浪費，時間會自然縮短。時間分分秒秒的走動都是爲了你，如果你再不好好運用，生命時間肯定會快速轉動！

改變心態，就能活得快樂自在

英國詩人作家馬．阿諾德在《逆來順受》一書中曾說：「征服命運的，常常是那些不等待機遇恩賜的人。」

幽默作家蕭伯納常對那些抱怨環境不順的人說：「人們時常抱怨自己的環境不順利，使他們沒有什麼成就。但是，我討厭這種說法，假如你遍尋不到所要的環境，為什麼不自己創造一個出來！」

的確，只要你勇於創造自己想要的環境，就會成爲自己生命的主人。

發明電話的亞歷山大．貝爾，年輕的時候，有一次向朋友亞瑟．亨利抱怨自己的工作很不順利，並且認爲，那些不順利完全是由於自己缺乏電機方面的知識所造成的。

當時，亞瑟．亨利是華盛頓區一家理工學院的校長，心平氣和地聽完貝爾拉拉雜雜的抱怨，但並沒有安慰他，只是簡短地告訴他：「去讀啊！」

這個簡短的回答讓貝爾大感意外，因爲自己只顧著到處找人吐苦水，從來沒想過自己其實可以克服遭遇到的困難。貝爾於是認眞去攻讀有關電機的課程，後來還成了對傳播科學極有貢獻的發明家。

英國詩人作家馬．阿諾德在《逆來順受》一書中曾說：「征服命運的，常常是那些不等待機遇恩賜的人。」

美國總統胡佛是一名鐵匠的兒子，後來還成了流離失所的孤兒；ＩＢＭ的董事華森，年輕時曾擔任過記事員，每星期只能賺兩塊錢美金；名製片家阿道夫．朱可曾經擔任的一名皮貨商助手，每星期也是只賺兩塊。

這些著名的成功人士之所以成就輝煌，是因爲他們從來不認爲貧窮和厄運

是他們的人生障礙，他們把全部的精力用在改善自己的境遇上面，完全沒有時間自怨自艾。

俄國作家契訶夫曾經寫道：「你知道才能是什麼意思嗎？那就是勇敢、開闊的思想，以及遠大的眼光。」

只有具備勇敢、開闊的思想，以及遠大的眼光，人才能用正面的角度面對原先讓自己嗟怨的困境，繼而走向更美好的地方。

歷史上，許多舉世聞名的人物都有著身體上的缺陷，例如詩人拜倫長有畸形腿，音樂家貝多芬後來因病成了聾子，莫札特患有肝病，當上美國總統的富蘭克林．羅斯福則患有小兒麻痺症；至於名教育家海倫凱勒則是從小又聾又瞎。這些名人的奮鬥故事，相信我們從小就耳熟能詳，只是爲什麼到了現在還不肯效法呢？

我們四肢健全，有得穿又吃得飽，卻老是抱怨東埋怨西，怪景氣不好，怪

別人不肯幫忙，爲什麼就是不肯反省自己？

不要抱怨命運和目前的處境，而該罵一罵自己爲什麼不肯積極生活。

你目前的生活是你自己決定如何過的，你目前的環境是你自己走出來的，想要讓自己活得快樂自在，你就必須先改變自己的生活態度，積極爲自己創造想要的環境。

勇敢面對失敗的考驗

英國詩人布萊克曾說：「正如水果不僅需要陽光，也需要涼爽的夜晚和寒冷的水才能成熟，人生不僅需要成功的歡樂，也需要失敗的考驗。」

挫折是寶貴的禮物，很多成功的人士都有過身處逆境的經驗，最後也都憑著堅強的鬥志戰勝了逆境，成就不凡的事業。

人生有時就像一場牌局，不論好壞，紙牌就在你手上，就等你運用智慧打一場漂亮的勝仗。

齊曼在一九八四年受命出任可口可樂公司總經理，當時的可口可樂公司面對百事可樂步步進逼，情況甚爲蕭條，因此，公司對他寄予厚望，希望靠他的營銷長才扭轉乾坤，一掃頹敗局面。

齊曼擬定的經營戰略是從改變可口可樂的配方著手，向市場推出全新口味的「健怡可樂」，然後搭配強勢行銷廣告，希望藉此取得轟動效果，一舉拉抬銷售量。不過，他卻犯了一個致命的錯誤，在推出新配方的健怡可樂之時，卻沒有持續讓舊配方的可樂上市。

結果，強調新口味的健怡可樂完全打不進市場，讓原本就每下愈況的可口可樂公司猶如雪上加霜，銷售額直線下降，短短七十九天之後，舊配方可樂被迫以「古典可口可樂」爲名，緊急重新回到超級市場的貨架上。

一年之後，齊曼黯然離開了可口可樂公司。

這對齊曼來說，無疑是一次巨大的挫敗，它不僅僅使齊曼蒙羞受辱，還徹底損害了他多年以來苦心塑造的個人形象。

但是，齊曼並沒有因此而一蹶不振，他離開可口可樂公司後，終日閉門苦

思，有長達十四個月的時間不曾與外界的人說過一句話。

當時，齊曼的心境十分孤獨，但他並不沮喪消沉，後來，他與友人合資開了一家諮詢公司。他在亞特蘭大簡陋的地下室中辦公，憑著一台電腦、一部電話和一台傳眞機，爲微軟公司等客戶提供諮詢服務，就連可口可樂公司也曾來向他尋求建議。

七年之後，齊曼終於東山再起，重新回到可口可樂公司，爲可口可樂再創輝煌的銷售紀錄，也幫助公司改進經營管理。

對於這段歷程，可口可樂公司董事長羅伯特·戈塔事後感慨地說：「我們由於不能容忍錯誤而喪失競爭力，現在我們終於明白，一個人只有在不斷前進的過程中，才有機會摔倒。」

英國詩人布萊克曾說：「正如水果不僅需要陽光，也需要涼爽的夜晚和寒冷的水才能成熟，人生不僅需要成功的歡樂，也需要失敗的考驗。」

假如你不曾失敗過，那麼，就應該體驗一下失敗的滋味，如此才能積累更成功的資本。

人生的遊戲不在於是否拿到了一副好牌，而是要知道如何將一手爛牌打好，從來都沒有所謂的常勝軍，只有勇於超越自我的成功者。

一個眞正有智慧的人，即便自己已經跌入谷底，仍會懷抱著感恩的心，透過逆境的砥礪，讓自己的人生重新開始。

成功的秘密，就在於失敗經驗的累積

有位哲人曾經說過一句雋永的話語：「得到成功的最好方法，就是增加失敗的比例。」

拿破崙說過：「輝煌的人生並不在於長久不敗，而在於不怕失敗。」

的確，人生最大的光榮，不在於永不失敗，而在於屢仆屢起。

只有經歷過失敗的人才會知道，什麼是致勝秘訣，因爲唯有經由失敗的教訓，你才有機會尋找出全新的觀點和方法。

根據統計，一九七九年一整年，波士頓拳擊明星詹姆斯，被擊中的記錄竟然高達三千多下。

有一位記者揶揄地問：「挨了這麼多拳，你不怕腦袋受影響嗎？」

他笑著回答記者：「怎麼會呢？其實，我就是因爲這些打擊，腦袋才變得聰明起來。」

對詹姆斯來說，失敗與成功是他生活路上兩個必備的元素，想成功就要有失敗的經驗；有了失敗，才有更多成功的機會。

有位年輕的記者曾經問愛迪生這樣一個問題：「愛迪生先生，當你在進行實驗或發明新東西的時候，一定會遇上很多困難和麻煩，不知道當你成功的時候有何感受？」

愛迪生回答：「年輕人，你才剛開始你的人生，送你一個觀念，相信會讓你受益無窮。其實，我從來就沒有失敗過，因爲這些阻礙讓我成功地發現，哪些方法對於發明根本沒有任何作用。」

是不是很有趣的啓示？

如果愛迪生把每一個失敗都視爲失敗，處處受限於困難的情境中，也許會讓他消沉，但是他卻把失敗都視爲另一種成功，因而才有勇氣更積極地進行下一個「成功的發現」。

你呢？對於挫折和失敗經驗，你都怎麼看待？

只要你永不放棄，失敗就會是你爲成功加分的小砝碼。

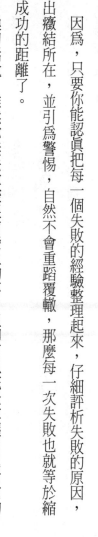

有位哲人曾經說過這麼一句雋永的話語：「**得到成功的最好方法，就是增加失敗的比例。**」

因爲，只要你能認眞把每一個失敗的經驗整理起來，仔細評析失敗的原因，找出癥結所在，並引爲警惕，自然不會重蹈覆轍，那麼每一次失敗也就等於縮短成功的距離了。

換句話說，雖然你無法掌控眼前發生的事，但卻可以完全掌握自己對它的反應。你的反應代表你對生命掌握的能力，你可以選擇被失敗的巨浪淹沒，也

可以像衝浪高手那樣站在巨浪的頂端。

失敗只是人生路途中的一個逗點，如果你就這樣停留在這個「點」上，不再繼續向前，那麼你註定是一個失敗者。

當然，倘使你把失敗視爲一個臨時休息站，補足了體力就準備再出發，那麼，你爬上高峰的機會便又再進一步，而且接下來，不管再多的風雪阻撓，你都一定能克服。

跌倒七次，站起來八次

日本當代名作家池田大作在《青春寄語》裡說：「人生恰恰像馬拉松賽跑，只有堅持到最後的人，才能稱為勝利者。」

美國名牧師弗列特．羅伯林說：「信念可以使人變強，懷疑會麻痺人的活力，所以，一個人對自己的信念就是超強的力量。」

跌倒的人只要能馬上再站起來，那麼，他就已經比別人多了一次機會，也比那些還躺在地上呼天搶地的人，往成功的路上多跨了好幾步。

有一位父親很苦惱自己孩子的未來發展，因爲他的兒子已經十六歲了，卻相當自卑、懦弱，一點男子氣概都沒有。

於是，父親前去拜訪一位知名的空手道教練，懇請他訓練自己孩子的體魄。這位教練沈吟了一，說道：「好吧，你把孩子送到我這裡，三個月後我一定可以把他訓練成堅強勇敢的年輕人，不過，你必須記住，在這三個月裡，你不可以來看他。」

父親雖然有點難捨，但是爲了孩子的將來，還是同意了。

三個月後，父親來接孩子，教練於是安排孩子和一個空手道選手進行一場比賽，以展示這三個月來的訓練成果。

但是，情況卻和父親想像的相差甚遠，只見選手一出手，孩子便應聲倒地，雖然他很快地再站起來繼續迎接挑戰，只是馬上又被打倒，於是他又再次站了起來，就這樣來來回回一共被打倒七次，站起來八次。

這時，教練問站在一旁觀看的父親：「你覺得你的孩子表現得夠不夠堅強勇敢？」

父親鐵青的臉上難掩失望之情，說道：「眞是讓人羞愧，想不到我送他來這裡受訓三個月，看到的結果卻是這副慘狀。唉，他竟然辜負了您的訓練，被人一打就倒。」

教練聽完，不以爲然的說：「這種講法並不正確，因爲你只看到了表面的勝負，難道你沒有看到你的孩子倒下又站起來的勇氣和毅力嗎？其實，他已經具備面對生活的正確態度了啊！」

日本當代名作家池田大作在《青春寄語》裡說：「人生恰恰像馬拉松賽跑，只有堅持到最後的人，才能稱為勝利者。」

世間沒有萬勝不敗的英雄，人生的光榮也不在於永不失敗，而是在越挫越勇的精神和在行動中摘取勝利的果實，只要站起來比倒下去多一次，那麼你就是成功的人。

3. PART

不要讓失敗對自己造成傷害

奧地利心理學家艾德勒說：

「你愈不把失敗當作一回事，失敗就愈不能對你造成傷害，

只要保持心態的平衡，成功的可能性也就愈大。」

危機就是超越自我的契機

作家亞布杜拉．何塞因說：「所謂的力量，並不是體力的代名詞，真正的力量是肉體與意志結合之後所激發的能量。」

美國總統威爾遜曾經說：「要有自信，然後全力以赴，假如有這種信念，任何事情十之八九都能成功。」

生命中的任何危機都是一次挑戰、一次機遇，只要你不被眼前的險境嚇倒，而勇於奮力一搏，相信你就會因此而創造出超越自我的奇蹟。

法國某個野外軍用機場，曾經發生一件令人感到不可思議的奇蹟。

一個艷高照的午后，一位名叫桑尼的飛行員，正神情愉快地用自來水槍清洗他平日駕駛的戰鬥機。

突然，有個人用力拍了一下他的後背，桑尼回頭一看，頓時嚇得面無血色，發出一聲驚叫，因爲拍他的竟然是一隻又壯又碩的大灰熊，牠正舉著兩隻大爪，站在他的背後！

這時，桑尼急中生智，迅速把手上的自來水槍轉向大灰熊，不過，也許是用力太猛，在這個緊急的時刻，自來水槍竟然從手中滑脫，而大灰熊則朝著他撲了過來。這時，桑尼本能地閉上雙眼，使盡了全身力氣，縱身一躍，跳上了機翼，然後大聲呼喊求救。

站崗的哨兵聽見了求救聲，連忙拿了衝鋒槍跑了出來，看見了大灰熊，立即朝著牠連開了數槍，不久就將牠擊斃了。

事後，每個人都對桑尼的跳躍能力感到非常困惑，因爲機翼離地面最起碼有二公尺多高，桑尼竟然能在完全沒有助跑的情況就跳了上去，簡直是一件神

奇的事情。

於是，大家都開玩笑地對桑尼說，不如去當個跳高運動員，必定創造世界紀錄，爲國爭光。在大家慫恿下，桑尼再次嘗試立定跳高，但是做了好幾次試驗，都沒能再跳上機翼。

作家亞布杜拉·何塞因說：「所謂的力量，並不是體力的代名詞，真正的力量是肉體與意志結合之後所激發的能量。」

身處險境，遇上困難的時候，每個人都會本能地想辦法保護自己、拯救自己，也經常像飛行員桑尼一樣，激發令人難以置信的潛能。

心理學家一再告訴我們，大部份的潛能都是在眞正遇上困難時才會被激發。所以，不要害怕遇上困難和挫折，因爲有了它們，你才有機會發現自己的潛能，也才能知道，原來沒有什麼事是不可能的。

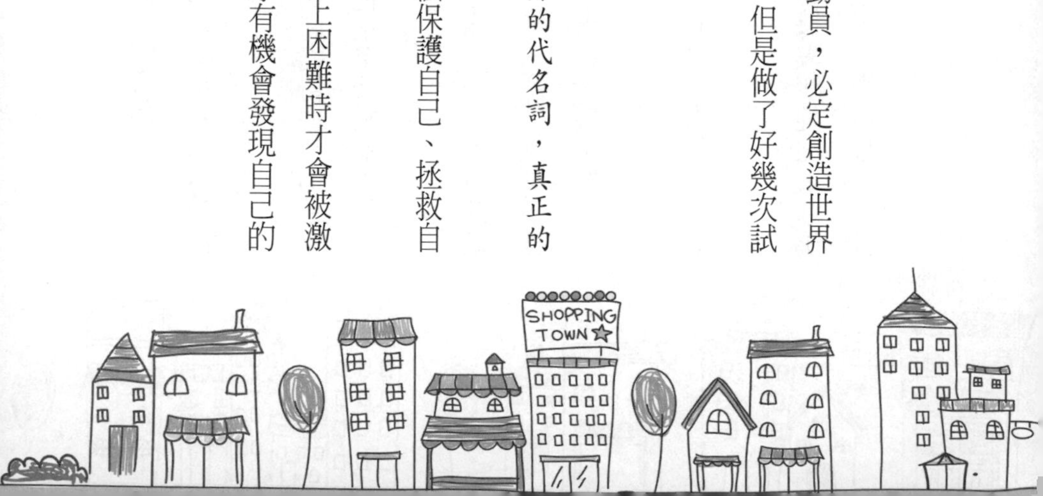

成功和失敗都不可能單獨存在

日本作家松本順在著作中寫道：「失敗永遠是使人奮發向上的跳板，只有這樣認識失敗，而又能努力不懈的人，才是前途光明的人。」

每當一個人有所得的時候，同時也必然有所失，相對的，當他遭遇失敗的時候，通常也是站在另一個成功的起點。

成功和失敗都不可能單獨存在，而是彼此相依相存的。

一九三八年，本田宗一郎變賣了所有家當，全心全力投入研發更精良的汽

車火星塞。他日以繼夜地工作，累了就倒頭睡在工廠，終日與油污爲伍，一心一意只期望能早日把產品製造出來，好賣給豐田汽車公司。

他全心全力投入，甚至變賣了妻子的首飾，總算產品完成了，並送到豐田公司審核。豐田公司審核品質後，卻評定產品不合格而將它退回。

但是，本田宗一郎並不氣餒，爲了得到更多的相關知識，重回校園苦修兩年，雖然他的設計經常被老師或同學們嘲笑，但他一點也不以爲苦，咬緊了牙關往自我期許的目標前進，終於在兩年後取得了豐田公司的購買合約，完成他長久以來的心願。

當時，正處於第二次世界大戰期間，日本政府禁止民間買賣軍需物資，此外，戰爭期間，本田宗一郎工廠也免不了遭受美國空軍轟炸，還毀掉了大部分的製造設備。

不過，本田宗一郎在這樣的困境中，還是毫不灰心地找來一批工人撿拾美軍飛機所丟棄的炸彈碎片，還戲稱那些是「杜魯門總統送的禮物」，把它們變成本田工廠製造用的材料。

第二次世界大戰結束，日本又遭逢嚴重的汽油短缺，本田宗一郎又他想出了新點子，試著把馬達裝在腳踏車上，他知道如果成功了，這樣新的交通工具，大家一定會搶著要。果不其然，他裝了第一部之後就再也沒有停下來了，直到所有的馬達都用光了。

這時他想，不如再開家工廠，專門生產他發明的摩托車，但是有一個難題必須克服，遭逢幾次天災人禍，他手上已經沒有任何資金可以運用。最後，他想出一個辦法，求助於日本全國十八萬家的腳踏車店，挨家挨戶的解說他的新產品，讓他們明白產品的特色和功能，結果讓他說服了其中的五千家，也湊齊了所需的資金。

時到今日，本田汽車已經成了日本最大的汽車製造公司之一，在世界汽車行業也佔有一席之地。本田汽車能有今天的成就，全靠本田宗一郎始終不變的決心和不畏艱難的毅力。

日本作家松本順在著作中寫道：「失敗永遠是使人奮發向上的跳板，只有這樣認識失敗，而又能努力不懈的人，才是前途光明的人。」

有失敗才會有成功，能成功就一定曾經失敗，這就是成功的定律。

如果你問一個一帆風順的人，是否覺得現在很成功，相信他一定會回答你：「不就這樣，沒什麼好或不好。」

但是，要是你問一問名人們成功的過程，相信他們會異口同聲的告訴你：「其實，我也辛苦過好久。」

因爲失敗，你才會懂得珍惜成功，當你知道成功和失敗原來是相輔相成的最佳拍檔，就不會再害怕失敗！

抬起頭，你就能看見生命的出口

俄國文豪托爾斯泰在《安娜卡列尼娜》裡說：「人生的一切變化，一切魅力，一切美麗，都是由光明和陰影交錯而成的。」

想要實現自己的生活目標，重點在於不管身處什麼樣的環境，都必須抱定一個理想，並不斷地努力爭取，如此才有機會如願以償。

你應該相信，風雨過後將是碧海藍天，走過一段坎坷之後，出現在眼前的就會是一條平坦大道。

你還在爲小事感到痛苦與煩憂嗎？別忘了，適時換個角度，讓想法轉個方向，眼前就會是柳暗花明又一村的新景象。

有一個資深的登山老手和他的同伴們，在一片迷濛峽谷中迷失了方向，一群人走了三天四夜，都沒有辦法走出深谷。

「爲什麼我們走不出峽谷？我心裡好害怕，爲什麼世上就不能只有一帆風順？爲什麼非得要逼我們走入絕境？」一位同伴絕望地說。

這位登山老手安慰他說：「世界上怎麼可能只有成功而沒有挫折呢？你想想，沒有挫折哪會有成功，挫折與成功就好比這峽谷與高山，沒有這峽谷，哪來的高山！」

「可是，遇到挫折實在很折磨人，就像現在，我們被困在峽谷之中，唯一能做的不就是等死而已嗎？」這位同伴有點歇斯底里的回應。

登山老手感慨地對同伴說：「你之所以會這麼悲觀，完全是因爲你一直低著頭走路啊！」

「難道抬頭走就能找到出路？」同伴抬起頭仰望天空。

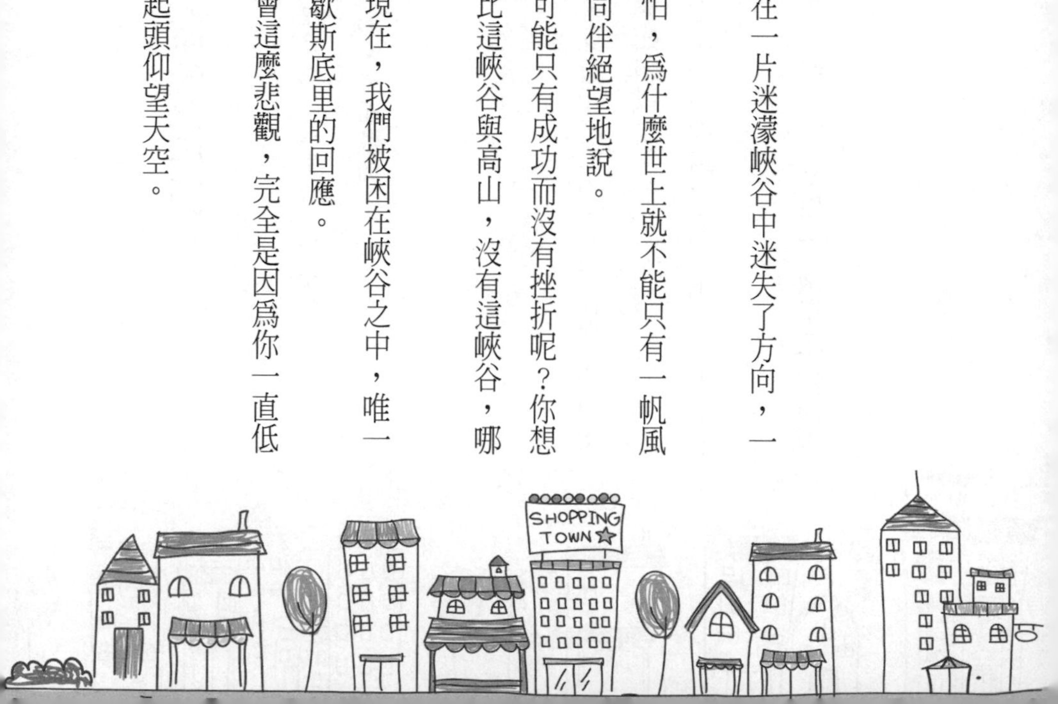

「當你抬頭的時候，你看到了什麼？」登山老手問。

「除了高山還是高山啊！」同伴答。

這位登山隊員笑著說：「這就對了，我每次遇到危險的時候，都是這樣抬著頭，一步步走向平安的處所！」

不久之後，這群登山客終於在這位登山老手帶領下，走出了峽谷。

俄國文豪托爾斯泰在《安娜卡列尼娜》裡說：「人生的一切變化，一切魅力，一切美麗，都是由光明和陰影交錯而成的。」

不管是你將碰上或正遇到什麼挫折和困難，都要有充分的認識和心理準備。因爲環境的不同，每個人的抗壓和解決能力都各有不同，在不同的環境中也會有不一樣的解決方式，不過，只要充滿積極樂觀的想法，就一定能找到生命的出口。

不管目前的生活環境有多麼困頓，你都必須激勵自己，人生的道路不可能永遠筆直又平坦，就算行走在馬路上，也一定會遇到岔路，必須適時轉彎才能走向目地的。

所以，當我們遇到困難和逆境時，不要徬徨迷惘，也別灰心喪氣，更不應該因爲一時的挫折而輕言放棄。

換個角度想想自己的璀燦遠景，抬頭看看無邊無際的天空，你是不是看見了生命的寬廣？

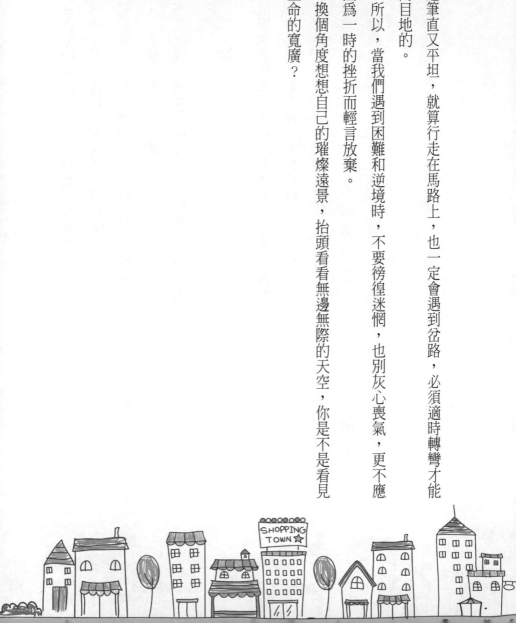

你也可以戰勝生命中的暴風雨

義大利作家梅塔斯塔齊爾曾經寫道：「一棵纖弱的灌木，雖然在暴風雨中屈身地搖晃，但它最終能戰勝暴風雨。」

許多成就不凡事業的成功人士都提醒我們：災難是人生的試金石，困難是人生的教科書。

確實如此，不管做什麼事情，只要你勇敢面對，堅持不懈，保持積極的態度向前邁進，目標就一定會實現！

人必須向前看，事情沒你想的那麼嚴重，那麼黑暗。不論你的頭頂如何烏雲密佈，太陽最終還是會綻露光芒。只要設法擺脫心中的陰霾，迎向充滿希望的未來，就不會老是讓小事綁架自己的情緒。

當代激勵大師安東尼·羅賓在某次演說中談及如何面對挫折時，曾講了一個朋友在一次滑雪比賽中，體驗到一個深刻的經驗。

這位住在明尼蘇達州的朋友一時興起買了滑雪板，隨即就報名參加滑雪訓練，後來還參加一次高難度的滑雪比賽。

在這次比賽當中，開始時他滑得很順利，速度快而且俐落而漂亮，但是，就在他滑了四分之一之後，開始覺得有點力不從心。

他眼睜睜地看著別人輕輕鬆鬆從身邊滑過，不一會兒工夫，一大片雪地上就只剩下他一個人，孤零零地在冰天雪地裡中吃力地滑著，這時候他整個心裡充滿挫敗感。

他本來打算要用兩個小時滑完全程，但是，嚴寒的風雪刺痛了他的全身，體力也消耗得差不多，四肢無力的他，開始萌生放棄的念頭。

但是，偏偏身處偏僻的深林裡，加上積雪相當寒冷，他只能把這個念頭暫時擱置，先努力滑到終點再說，於是他就這樣支持了下去。

在這個過程中，他一直幻想著，期望路旁會有散發著溫暖熱氣的小木屋出現，或是希望有輛急救車突然出現，推開積雪把他帶走。當然，這些都是空想而已，但是就這樣想著、滑著，他終於硬著頭皮滑完了全程，而且時間跟預期的差不了多少。

安東尼．羅賓說，這朋友對自己的這件事總是津津樂道，而且每次都講得口沫橫飛。

因爲，這件事給了他一個認識自己的機會，更給了他一個努力堅持而得到勝利的美好記憶。從此之後，他在生活中不管碰到任何艱難險阻，都不再害怕、退縮了。

義大利作家梅塔斯塔齊爾曾經寫道：「一棵纖弱的灌木，雖然在暴風雨中

屈身地搖晃，但它最終能戰勝暴風雨。」

人只有把怠惰的心情，轉化作奮發向上的力量，才是成功的保障。

壯志與熱情是夢想的羽翼，自信與堅韌是成功的階梯，只有時時鞭策自己的人，才能穿越荊天棘地的人生道路。

生命中的暴風雨其實並不可怕，只要你肯挺身勇敢面對它。

只要你經歷失敗挫折時，毫不放棄、堅持不懈，當你通過了這個考驗，累積了這個艱苦的經驗，品嚐過了付出後的甜美豐收，往後任何失敗和困難，你都會覺得輕鬆簡單，不再輕易放棄。

只要堅持下去，事情一定會有轉機

法國文豪巴爾札克說：「苦難對於一個天才是一塊墊腳石，對於能幹的人是一筆財富，而對於庸人卻是一個萬丈深淵。」

任何苦難，都一定會有盡頭。

如果，你可以回想到最難過的曾經，那就表示那個「曾經的苦難」已經走過去了，就像電視劇一樣，不管播了幾百集，一定會有第一集的開始，自然也會有最後一集的大結局。

不論目前如何，只要能堅持下去，事情就一定會有個結局，同時還會接著播映另一個好開始。

美國著名的體育播報員羅納德經常鼓勵失敗的人：「只要堅持下去，有一天情況總會好轉。」

這是因爲，每當他感到失意沮喪的時候，他的母親便會對他說：「如果你堅持下去，總有一天，你一定會等到好運氣和機會降臨，而且到時候你會知道，如果沒有經歷過失望，你不會有這個成功的機會。」

母親的這番話，在他大學畢業後眞的實現了。

當時，他希望能成爲一位體育播報員，於是從伊利諾州搭了便車千里迢迢前去芝加哥，親自拜訪每一家電台，但每次都碰了一鼻子灰。

在拜訪的過程中，有一家電台的廣播小姐和氣地告訴他，大電台是不會冒險僱用一名毫無經驗的新手。

「去找家小電台試試，或許那裡的機會比較大。」她勸告羅納德說。

於是，他又搭便車回到了伊利諾州的迪克遜，但是仍然沒能如願，失望之

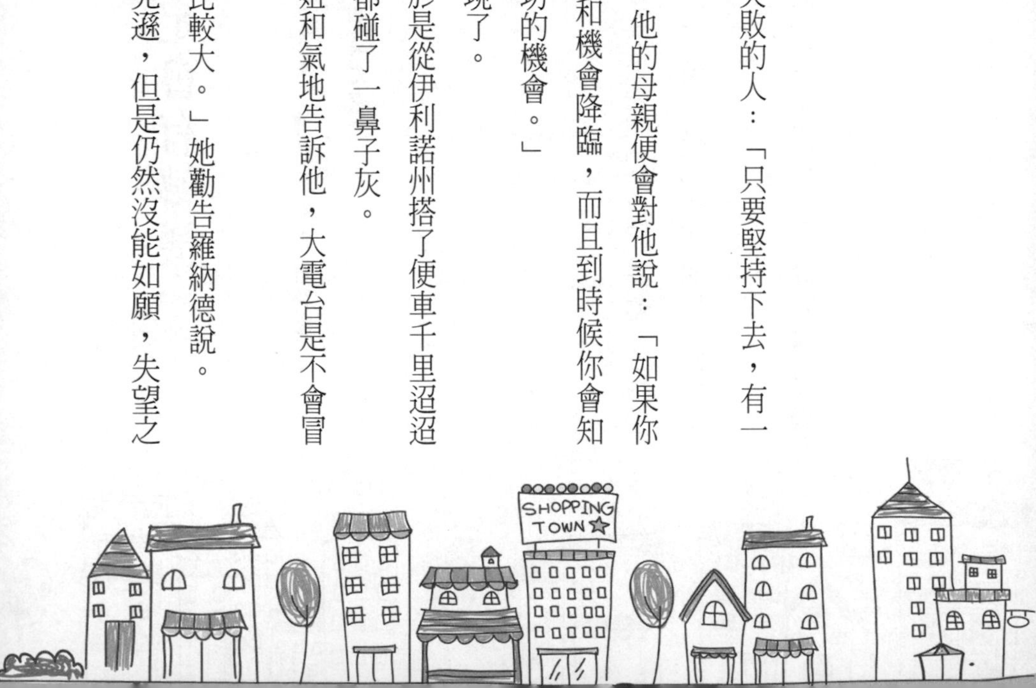

情從他臉上一看就知。

「最好的機會總會到來。」這時，母親提醒他說。

於是，他再度出發，試了愛荷華州達文波特的WOC電台。節目部主任是位很不錯的蘇格蘭人，名叫彼特．麥克阿瑟，他說他們剛新聘了一名播音員，於是羅納德便帶著非常失望和沮喪的心情離開他的辦公室，此時，他受挫的鬱悶一下子發作了起來，大聲地說：「我要是不能在電台工作，如何能當一名體育播音員呢？」

當他在等電梯時，突然聽到麥克阿瑟的叫聲：「請問，你剛才說什麼體育？你懂得橄欖球嗎？」

羅納德點了點頭。接著麥克阿瑟讓他站在一個麥克風前，要他憑想像力播報一場比賽。於是，羅納德開始播報前年秋天，他參加的橄欖，在最後二十秒時以一個六十五碼球擊敗了對方……

隨後麥克阿瑟告訴他，他將開始播報星期六的一場比賽。在回家的路上，他想起了母親的話：「只要你堅持下去，總有一天你會遇上好運，並且你會明

白有了這些挫折和堅持，生命裡會有很多希望和機會將發生。」

法國文豪巴爾札克說：「苦難對於一個天才是一塊墊腳石，對於能幹的人是一筆財富，而對於庸人卻是一個萬丈深淵。」

有人在厄運和不幸面前從不屈服，也不退縮，更不動搖，會頑強地和命運抗爭，因而能在重重的困難中，衝開一條通向勝利的路，成爲征服困難的英雄，同時也是一個掌握自己命運的主人。

要判斷一個人的成就如何，端視他能否打敗自己的怯懦和怠惰，因爲，構成成功最大障礙的，並不是別人，而是自己。

堅持到底就一定能獲得勝利

法國文豪羅曼羅蘭在《約翰克利斯朵夫》中寫道：「人生是一場無休無歇而又無情的戰鬥，只要是人，都得時時刻刻向無形的敵人作戰。」

當你千辛萬苦完成一項艱鉅的工作，相信你一定曾經這麼喊過：「眞不敢相信，我竟然眞的把它完成了。」

是啊，不管做什麼事情，只要掌握正確的方法，努力不懈做下去，就能爲自己創造一個奇蹟了！

有一位俄亥俄州的拳擊冠軍對朋友述說了他的成功經歷。他在十八歲那一年，第一次奪得州際盃冠軍寶座，那次經歷，一直影響他面對事情的態度。

當時，他的對手已經三十歲了，身高一百七十九公分，已連續三年蟬連全州拳擊的冠軍，是個人高馬大的黑人拳擊手，左勾拳可是令人聞之喪膽。當時主持人宣布這位年輕的選手將出場挑戰時，全場觀衆給他的不是掌聲，而是噓聲。果然不出大家所料，一開始他就被對手擊中，牙齒還被打掉了半顆，滿臉是血的他完全沒有機會回手，甚至連防備都有困難。

中場休息時，他對教練說，他想中途退出比賽，因爲這種實力懸殊的比賽無異是拿雞蛋去砸石頭。

教練對著他大吼：「不，你一定行，別怕流血，只要堅持到最後就一定會勝利，我相信你的實力。」

突然，這位年輕選手不知打哪兒來的力量，決定豁出去，當對手的拳頭不斷落在他身上時，他感覺到自己的身體已經不聽使喚了，但他仍然告訴著自

已：「堅持，一定要堅持下去！」

不知道是不是他的堅持感動了上天，當然也可能是對手累了，也可能面對他的頑強開始膽怯，他開始有機會反攻。當時，他的汗血流滿全身，模糊了他的雙眼，他只能憑著意志揮舞左勾拳、右勾拳、長拳、上勾拳，用一記又一記的重拳朝著眼前模糊的身影擊去。

「是的，我一定能打倒對手！」他不斷爲自己打氣。

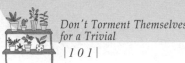

在最後一剎那，他的眼前像是有無數個對手的身影在晃動，他心裡想，中間那個不晃的影子一定是對手，便對準那個身影揮出最後一擊……

接著，教練跳到擂台上抱著他又唱又跳，當裁判舉起他的手時，他這才發現自己贏了，對手倒在台上，而他奪得了冠軍。

千萬別逼著自己爲了小事煩惱不休。你眼前遭遇什麼困境並不重要，重要的是如何藉著困境向上躍昇。想活得更耀眼，就必須試著改變自己，用積極的

想法驅逐消極的看法，生命的陽光才能照亮你前進的步伐。

法國文豪曼羅蘭在《約翰克利斯朵夫》中寫道：「人生是一場無休無歇而又無情的戰鬥，只要是人，都得時時刻刻向無形的敵人作戰。」

看完這個拳擊手浴血奮戰的故事，難道你還不清楚生命中的奇蹟怎麼發生的嗎？人生是個舞台，每個人都得努力演好自己的角色；想要成功，方法只有一個，就是：「堅持下去！」

人生路途上，每個人都有自己的幸福和痛苦，只不過是程度不同而已，能夠用樂觀的心情戰勝困境的人，就是最幸福的人。

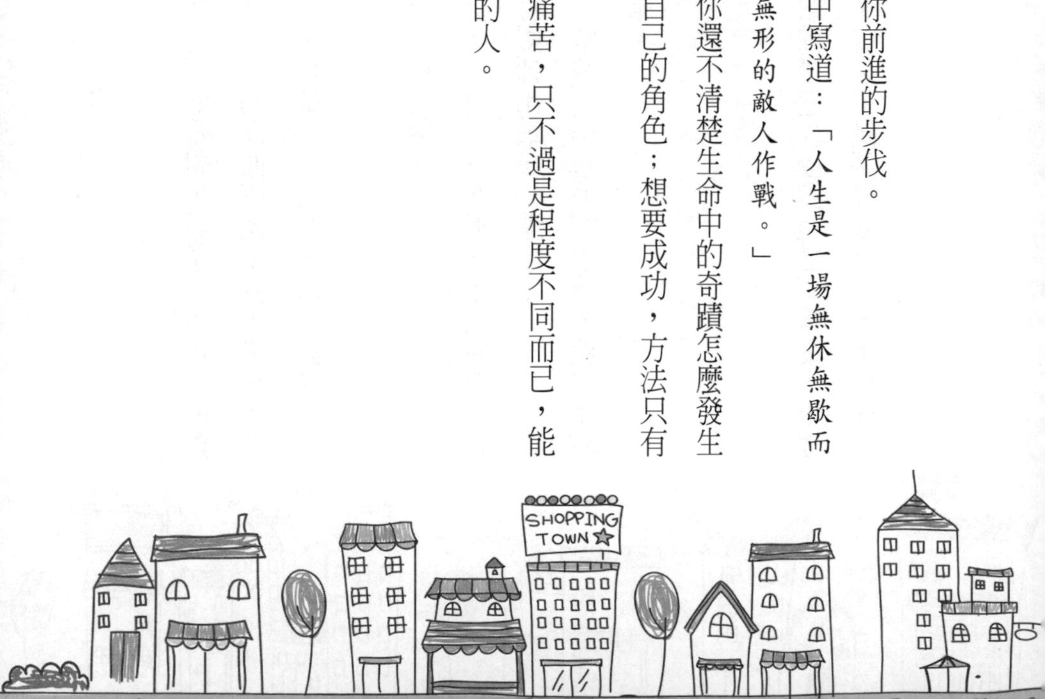

不要讓失敗對自己造成傷害

奧地利心理學家艾德勒說：「你愈不把失敗當作一回事，失敗就愈不能對你造成傷害，只要保持心態的平衡，成功的可能性也就愈大。」

有位作家曾說：「我不認為『失敗』會使我們失去什麼，因為真正的失敗是我們連試都不試就想放棄。」

的確，許多人在失敗之後常常說「本來是會贏的」之類的說法，他們並不是不可能成功，而是他們老早就已經放棄了。

約翰．克利斯是一位英國小說家，著作等身的他，一生總共寫過五百六十四本書，但是，在成名之前，他所遭遇的退稿挫折可一點也不少於他出版過的書量。就算名作家瑪格麗特．米契爾在成名作《飄》出版前，收到的退稿也不少於此；梵谷在他有生之年，幾乎沒有賣出任何一幅畫；全壘打王貝比．魯斯剛進大聯盟的時候，也只有坐冷板凳的份，有誰知道後來他會擊出了七百十四支全壘打……

許多名人幾乎都歷經了各種挫折甚至難堪，才能有今天的成就。這些成功的人之所以成功，是因爲他們懂得從失敗中獲得智慧。

沒有任何人天生就是贏家，贏家都是跌了好幾次跤才走到現在的寶座，他們所擁有的傷痕肯定比得到的獎牌還要多。

那是因爲他們在成功的關鍵時刻，明白只要再支撐一分鐘，就還有機會改變自己的命運。

大多數人都只想追求速成的成功，認爲一生中最重要的就只一個「贏」字，一旦失敗了就怪罪別人、歸咎環境，甚至埋怨老天，總是給自己一大堆藉

口推卸責任，可是，當他們成功的時候，卻很少會把功勞歸給旁人。

奧地利心理學家艾德勒說：「你愈不把失敗當作一回事，失敗就愈不能對你造成傷害，只要保持心態的平衡，成功的可能性也就愈大。」

明白艾德勒所說的意思嗎？

其實，這就是禪宗所說的平常心。當你因爲想做而去做，爲了夢想前進而前進，那麼連失敗都有正面的價值！

去問一問溜冰高手怎樣才能學會溜冰，相信他一定會告訴你：「跌倒，爬起來，你就成功了。」

不要為自己的退縮找藉口

法國作家杜伽爾在《蒂博一家》裡寫道：「如果不把生命、思想、信念化為行動，那麼，所有的一切就什麼意義也沒有。」

成功的法則很簡單，當你爲自己訂下計劃並且跨出了第一步，只要堅持到底就一定會成功。只是，一路的意想不到和滿路的荊棘，外加隨之而來的困難與障礙，往往讓你面臨了各種挑戰和考驗。

這時候，或許你會找藉口讓自己鬆懈、退縮，甚至放棄。當然你可以這麼做，但是，如果你想成功，希望得到歡聲雷動的喝采，你就不能給自己任何退縮和放棄的「藉口」。

美國西點軍校是培育優秀將領的搖籃，在西點軍校受訓的學生，有四條必須嚴格遵守的校訓，其中一條就是：「沒有任何藉口。」

這是西點軍校由來已久的傳統，不管是遇到學長或長官問話，新生只能有四種回答：

「報告長官，是！」

「報告長官，不是。」

「報告長官，沒有任何藉口。」

「報告長官，不知道。」

除此之外，可不能多說任何一個字。

平時，如果有長官問：「你認爲你的皮鞋這樣就算擦亮了嗎？」

一般人的第一個反應，肯定是急著爲自己辯解：「報告長官，剛才不小心有人踩到我的腳。」

但是，在西點軍校絕對不能這樣回答，因爲任何辯解都不被允許，你只能從上面那四個標準回答中做選擇，回答說：「報告長官，不是。」

長官如果再問爲什麼，你也只能說：「報告長官，沒有任何藉口。」

也許你會認爲他們是在軍校受訓，當然要這麼嚴格。但是，培養這樣的生活態度，在任何領域都非常受用。

你必須學會忍受一切，不管事情如何發生、情況怎樣，重要的是你有沒有行動力，因爲你在皮鞋被踩到的當下就要重新擦拭乾淨，或者一開始就要避免讓這樣的事情發生。也許你會認爲這樣並不公平，但是，人生本來就充滿不公平，只要有這個觀念，你就會用堅強的毅力來激發自己的潛能，讓生活除了行動之外還是行動。

姑且不談西點軍校那些斯巴達的教條合不合理，一個人若是想把生活變得更有意義、更有價值，那麼，就不能做「言語上的巨人，行動上的侏儒」。

不要老是替自己找藉口，必須鞭策自己採取行動，以實際的做法讓每一天都是生命中的傑作。

法國作家杜伽爾在《蒂博一家》裡寫道：「如果不把生命、思想、信念化為行動，那麼，所有的一切就什麼意義也沒有。」

爲了成功，無論碰到多大的困難都不要停止行動，對於成功者而言，在種種困難的面前不應該有任何藉口。

只要你不再找理由推託，你就會有充裕的時間實踐你的夢想；只要你不再拿藉口搪塞，你就已經走在成功的道路上。

人生不論好壞都是你自己的，不要再用任何藉口來阻礙你的人生道路，只要你確定了前進的方法和方向，那麼就趕快跨出第一步，相信你很快就會走到夢想的未來！

4. PART

不再執著，便能解開困惑

當我們向神明用力傾訴心中的困境之後，
真正幫助我們解開心中結的人，
從來都是我們自己啊！

調整好心態，才能迎接內心的期待

不要急於預想成功的喜悅，這無法小心累積每一步，想得再興奮開心，也永遠走不到我們想要的目的地。

在接受挑戰之前，你確定自己真的已做好準備了嗎？工具備齊了，但是備戰的活力充實了嗎？面對的勇氣有了，但迎戰的態度對了嗎？

未做好準備的情況有很多種，好像看似表面功夫都做足了，結果內在問題依然存在；又好像各式武器備齊了，但最終總選錯了武器運用發揮。簡單來說，即便只是個念頭不對，都算未做好準備。

有位登山高手一生的心願就是要登上世界第一高峰——珠穆朗瑪峰。經過一番訓練和準備，高手終於要展開挑戰旅程，但爲了能獨享一切榮耀歡呼，這一次他沒尋找伙伴，而是獨自一個人行動。

當他開始向上攀爬時，已是午後時分，這對登山客來說有些麻煩，因爲他必須提早準備入夜後休息的地方，但是直到黃昏卻仍然不見他準備休息，只是更賣命的向上攀爬：「天應該不會那麼快黑，再多爬一段好了。」

高手才這麼想著，黑幕忽地拉了下來，今天雲層似乎特別厚，看不見月光和星光，只見大地一片漆黑，而高手也因爲未做好準備，只得摸黑行動。原以爲他會就此打住休息，結果卻非如此，他仍然繼續向上攀爬。

但是，就在距離山頂剩下不到幾米的地方，他突然滑了一下，接著竟從山上高速滑落，瞬間他只覺得生命像似就此打住。

高手仍不斷向下墜下，忽然間，人生中的一切，一幕幕地出現在他的腦海中，就在他回想著過去時，突然，繫在腰部的繩子猛力拉住他，只見他整個人就這麼懸吊在半空中。

在這不上不下的半空中，登山高手忍不住驚呼著：「上帝！救救我啊！」

「什麼事？」忽然，天上竟傳來低沉的聲音回應。

「上帝！救救我！」登山高手聽見回應，連忙再聲救求。

「你眞的相信我嗎？」低沉的聲音反問。

「我相信！」登山高手堅定地說。

「好，快把繫在腰間的繩子割斷吧！」低沉的聲音說。

「把繩子割斷？」高手一聽，反而愣住了。

一陣寂靜之後，登山高手心中響起：「不，我不能就這麼放棄這條繩子，如此一來必會摔得粉身碎骨！」

第二天，救難隊來了，他們發現了一個凍僵的登山客遺體懸在半空中，還發現他的雙手仍緊緊地抓著身上的繩子，他們始終不明白的是：「他爲什麼不把繩子割斷？離地面又不到五公尺！」

對你來說，故事中最值得檢討的地方是什麼？是不能大膽選擇相信之非，還是不能做好萬全準備之過？

有挑戰的勇氣，有突破的毅力，確實讓人激賞。但是不能審時度勢，不能評估現實劣勢，只知道盲目的往前衝，一味表現匹夫勇氣，不過是讓自己更顯可笑無知，徒讓自己陷入無法挽救的錯誤局面。

其實，即便眞有上帝出聲相助，也幫不了我們自己犯的錯啊！重回故事的現場，我們也更加明白，若不是高手執迷不悟的錯誤堅持，到最後也不會得出死路一條的結果。

貪婪急躁的心，雖然能帶來動力，卻更容易害我們迷失自己！

不要急於預想成功的喜悅，這無法小心累積每一步，想得再興奮開心，也永遠走不到我們想要的目的地。更不要過分期待別人的歡呼掌聲，別人給再多的肯定，都比不上我們挑戰成功時給自己的肯定眞實。

不再執著，便能解開困惑

當我們向神明用力傾訴心中的困境之後，真正幫助我們解開心中結的人，從來都是我們自己啊！

不想時常困陷在不必要的憂愁和煩悶中，我們只需要給自己一句：「我一定能走出難關！」

不想經常困陷在苦悶又不確定的生活中，我們只要常給自己一句：「命運一直掌握在我手中！」

有個和尚正跪在一尊高大的佛像面前，無精打采地唸誦著長篇經文，莊嚴的殿堂上伴著誦經聲，但這個唸誦聲似乎少了份寧靜？

的確，眼前的和尚雖然長期修煉，卻遲遲無法身心解脫，爲此，光頭和尚十分苦悶、徬徨，望著大佛心中不住地叨唸著：「我要解脫！」

或許仙佛有靈，這天一位人人熟知的智者忽然出現在他的眼前，和尚一看見這位哲學大家，急急忙忙向他求救：「大師，久仰了！今日能有緣見到你，眞是我的造化啊！」

智者笑著點了點頭，這時和尚有些激動地說：「大師，我有一事相求，能不能請您爲我指點迷津，偉人爲何能成爲偉人？而我們眼前的佛祖……」

智者未等他問完，便說：「偉人之所以偉大，是因爲我們對他下跪！」

「因爲……跪著？那意思是，人們若是站起來，不就是個偉人？」

和尚轉念一想，那假如他站了起來，別人向他跪拜，那麼他不也成了個偉人，這道理怎麼對？

「嗯，站起來吧！你也可以成爲偉人！」智者果然是這個意思，只見和尚

聽了這話連忙立定站穩。

「什麼？這意思是說我也是個偉人？天哪！你根本是在褻瀆神明！」說著，和尚連忙雙手合十，連唸了兩回「阿彌陀佛」。

「唉，與其執著拜倒，不如大膽超越啊！」智者說完這話，嘆了口氣說，接著頭也不回的走了。

和尚聽了智者的話後有如驚雷轟頂：「超越？這瘋子，居然膽敢褻瀆神明！罪過！罪過！」

說著，他又再虔誠至極地補唸了一遍懺悔經。

無論是無神論者還是虔誠的宗教信徒，都不能忽略一件事，世上有無神佛的存在不是重點，重要的是我們怎麼尋找生命的價值和意義！

其實，所有的宗教都是「以人爲本」，人們心甘情願向天跪拜的目的，說穿了不也是希望能得到一個平安喜樂的人生，和更美好的自己？

回到故事中，看著可以天天獨自省思的和尚竟解不開心中的結，我們也得出了一個啓示，原來宗教力量再強也敵不過人們不願解開的心魔。

別再把心中的困惑妖魔化，因爲如果連我們自己都不願解開，神力再高強的天師也驅不了我們心中的魔。崇天敬神，不是爲了讓來生得到一個更好的結果，而是要此生的困惑能找到寄託，好讓此刻的生活能多得一點快樂時光。

還不明白的話，不妨再聽聽那位擁有超凡智慧的智者一句：「別忘了那個『活』著的人是你，不是神！更別忘了，當我們向神明傾訴心中的困境之後，真正幫助我們解開心中結的人，從來都是我們自己啊！」

不放棄，永遠有生機

不要被虛幻的假象困住，更不要被自以為是的迷霧所誤。只要不放棄堅持的走下去，轉眼，我們就看見那一線生機。

一再遭遇挫敗，確實容易讓人心生灰暗，但是烏雲滿空，不代表我們從此再也看不見太陽光！

如果心中仍然盼望著發展機會，不能被打敗一次就信心不再，更不能因爲一時失意而從此精神渙散。也許，機遇眞的很難得，但這一次錯過，並不代表從此就機會不再。

客機墜落沙漠，有十一個人倖存，因爲救援隊還未到達，這十一個人必須靠自己的力量活下去，其中有大學教授、某公司經理、公務員、軍官等等，大多數都是些優秀的人才，除了彼得，因爲他是個傻子。

在這高達六十度高溫的沙漠中，他們得趕快找到水源，否則很快地便會渴死。一夥人慢步地前進，忽然有人驚呼道：「綠洲！」

聽見綠洲，一行人急忙奔向目標，但那綠洲似乎有意捉弄他們，他們越靠近它，反而越向後退！「竟是海市蜃樓！天哪！」一位婦人哀怨道。

忍了一天之後，第二天他們又一次被海市蜃樓愚弄，這一次幾乎所有人都絕望了，他們全躺了下來，除了彼得，他仍然焦急地問：「水不就在這兒嗎？爲什麼又不見了？」

好心的婦人告訴他：「彼得，那不過是海市蜃樓，認命吧！」

彼得根本不知道什麼叫海市蜃樓，他只覺得十分口渴，一心只想著要喝水，

只見他繼續前進，還攀上了一個五十多公尺高的沙丘。

突然，他手舞足蹈地對著大家呼叫著：「水塘，一個水塘！」

但是不管他怎麼呼叫，所有人仍然躺在那兒，誰也不想搭理他，彼得見大家不理睬他，只好轉身繼續前進。只見他翻過沙丘，忽地，大家聽見他叫喊了一聲：「水啊！」跟著便消失在沙丘的另一邊。

教授看了，搖了搖頭說：「唉！可憐的傻子！」

傻子眞是傻了嗎？

事實上，彼得眞的來到了水塘旁，雖然一陣狂風颳來，順勢將他颳進了池子裡，但這個不經意的落水，卻讓他躲過了飛沙走石的折磨。第三天，救難人員終於趕到了，他們找到了十具屍體，和奇蹟般活命的彼得。

當救難人員將他帶到遇難者身邊時，問他：「他們爲何會死這裡？這兒在距離水塘不到一公里啊！」

看見夥伴們慘死，彼得忍不住大哭了起來，只見他哽著聲說：「我有跟他們說那個水塘啊！可是他們一直說什麼海市蜃樓的，後來我實在太渴了，就拼

命地跑到那兒喝水。什麼是海市蜃樓啊？爲什麼他們那麼恨海市蜃樓？寧願渴死也不喝海市蜃樓的水？唉，我想了三天都想不通啊！」

彼得淚眼汪汪地問著救難人員，但面對此情此景，所有的人都無言以對。

這的確很難給彼得一個好的答案，想說他「傻得好」，卻又覺得中間的「傻」字有些不對勁，反之，若說其他人是「聰明的笨蛋」，卻又覺得這「聰明」兩字給得有些不甘願。

看著這群笨蛋和著一個傻瓜，不知道帶給你多少心得和啓發？

想想自己，也看看身邊的聰明傻瓜人士，誰才是聰明的，誰才是眞正的愚笨之人，總要等到結果出來才能下定論。在此之前，若不想被隱藏角落的愚昧心智所誤，我們就要時時提醒自己：「不要被虛幻的假象困住，更不要被自以為是的迷霧所誤。別忘了，會有海市蜃樓出現，那便表示真有個沙漠綠洲等著我們去發現，只要不放棄堅持的走下去，轉眼，我們就看見那一線生機。」

放下過去，面對未來將更無懼

既然決定給自己一個全新的開始，我們也要給自己一個全新的態度去面對，然後才能甩開擔憂與自卑，無懼也更積極地挑戰全新的未來。

許多人都很害怕變動，正因爲害怕改變，一遇到機會，總是猶豫不決，甚至是遲疑退卻。殊不知這麼一退，不但沒有退回到熟悉且安全的舊環境，反而是困陷到另一個新的囚牢中。

放下心中的忐忑，別害怕新的環境，也別害怕面對新的人事物。來到新環境，我們不僅會看見自己的不足，還會激起適應新環境的本事，然後在開心嚐鮮之餘，更加堅定的肯定自己。

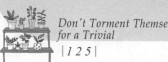

小楊是家鄉中唯一能到耶魯讀書的人，在她準備啓程前，故鄉的親友們還爲她點燃鞭炮送行。

機會難得，小楊自知要好好把握，但原有的熱情卻在抵達學校後，慢慢消減，書讀得很辛苦，語言不通是首要問題。課聽不懂之外，連基本的會話也說不好，於是她開始後悔了：「眞不知道我爲何要到這兒來？好想家啊！」

孤獨無依的小楊爲生命中的重大轉變所困，慢慢地，竟出現憂鬱症兆，不得已只好求助心理輔導老師。

老師了解她的困境後，簡單地對她說：「孩子，凡事往前看哪！把眼前的問題視爲一種挑戰，想著不幸與不能是沒有用的，總之妳不能躲在角落，而是要積極迎上前去！」

的確，她仍以高中生的學習態度應付大學生活，再加上從小鄉鎮來到這個大城市，內心多少有些自卑，這個自卑也逼使得她漸漸遠離人群。

「嗯！忘了過去吧！重新開始！」小楊忽然對自己這麼說。

在輔導老師的建議下，她開始重新整理自己的態度和情緒。首先，先將自己的不良情緒全部宣洩出來，好讓自己能早日積極面對生活。

接著老師安慰她說：「孩子，每個剛到耶魯的人都和妳一樣，都有著不適應和不確定感，心中的焦慮和自卑也一樣，妳不是第一個人啊！」

小楊一聽，放心地說：「原來許多人也和我一樣啊！」

接下來，老師要小楊把「比較心」從別人的身上轉向自己：「忘記中學時的風光，在這裡可以謙卑，但不需要自卑，妳得用不同以往的態度寫下屬於這兒的求學生涯！」

「是！」小楊點了點頭。

就這樣，在明白新環境必須培養的勇氣與面對的態度後，小楊也有了新的自我認識與動力。接下來，她積極加強自己的語言能力，並熱情參與學校社團，在那個社團裡，小楊將自己的經驗分享給其他同學，陪著他們一同走出「新生症候群」。

我們都曾有過適應新環境的經驗，但是不同的人有不同的適應能力，有人從小都處在受到保護的環境中，一點挫折一點寂寞都難以承受。反之，有些人則是從小便被折磨訓練，再險惡再艱困的環境都能面對。

環境並不會因我們而改變，一切都得靠自己學習適應，努力面對。

適應的方法很簡單，到新的環境，就別再把昨天的生活記憶套用在這裡，也不要把舊有的生活習慣完整移植到新的環境中。仔細想想，我們選擇到新地方生活，不正是爲了改變並發現不同的自己？

快把昨天的風光忘記，快將過去習慣的一切放下，也快將從前的呵護忘記。既然決定給自己一個全新的開始，我們也要給自己一個全新的態度去面對，然後才能甩開擔憂與自卑，無懼也更積極地挑戰全新的未來。

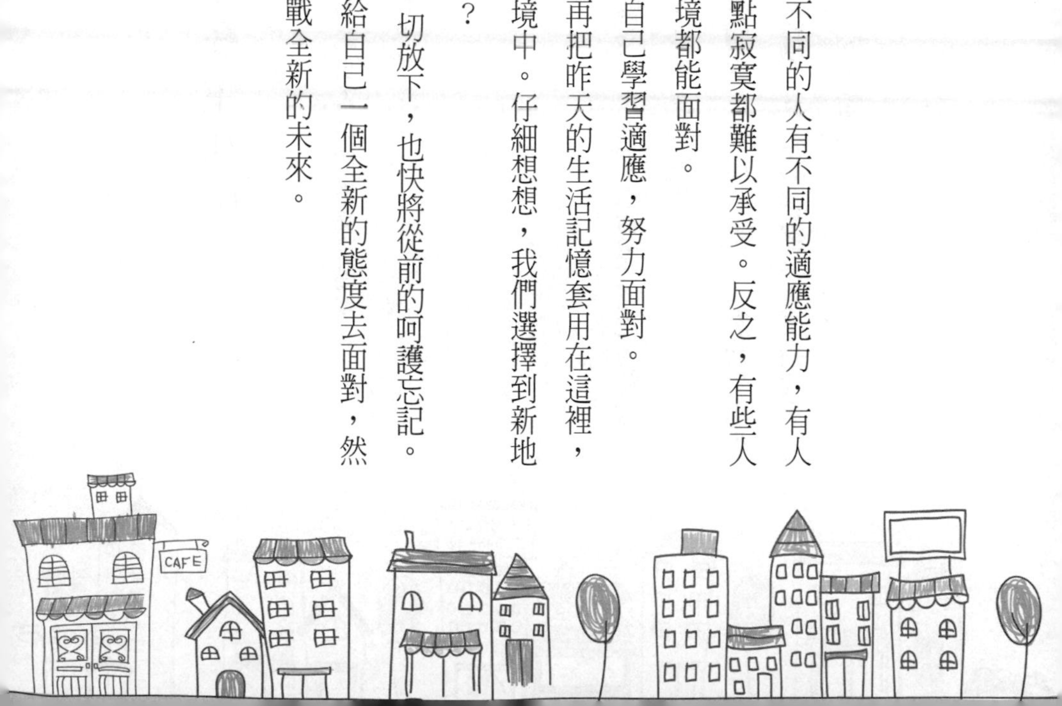

創意不在腦袋中，而是在生活中

把別人的心意放在我們的心上，並仔細聽出人們的需要或渴望，靈感自然茂發，創意更會源源不斷地被啟發。

生活中處處都是創意，也處處都能獲得啓發，走進街市賣場，走進圖畫世界，只要我們用心感受，所有平凡的動作都會是創意的來源。

所以，別再關門苦思了，走出戶外，認眞觀察，更用心感受，然後生活中的一切將慢慢地充實我們的心，也慢慢地塡充我們貧乏的腦袋瓜，直到我們可以信手發揮時，自然會知道，原來「生活」眞的很重要！

十九世紀時有一位十分出色的義大利青年，雖然家庭背景普通，還經常餓肚子，更別提受教育的機會了，但這個年輕人卻一點也不自卑，他總是這麼對自己說：「一切靠自己吧！」

一有空他就會努力學習，特別是與建築和化工方面相關的知識，學習一段時間後，他便立定志向：「我要用所學的一切改變我的命運。」

學成之後，他考進一間建築公司工作，從最基層的助理工作開始做起。小小的角色並未遮掩他的才華與積極心，由於他的積極努力且表現相當出色，很快地便成了建築師們最得力的助手，而他也從這些建築名師身上，學到了不少寶貴經驗與知識。

天分外加努力，年輕人逐漸在當地建築界闖出名聲，雖然不少人都給予肯定，但在這個講求學歷和出身背景的年代，無論他怎麼努力，也很難走入上流社會，成爲地位崇高且具有名望的建築大師。

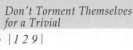

直到有一天，他在街上正巧遇上義大利國王出訪，轉念一想：「嗯，如果能獲得國王的青睞就好。」

的確，能得到國王關愛的眼神，肯定不同，只是要怎麼樣才能引起國王的注意，又成了他得花費心神苦思的事。

「對了！建造一個特殊建築物來吸引國王，那不就好了！」

這天年輕人忽然有了靈感，也想起了關於國王的一段故事。

原來國王曾經在英國經歷過一次刻骨銘心的愛情，對那段已逝的情誼仍念念不忘，因而對於英國的一切十分想念。只是，如今貴爲一國之王，很難再到英國大街小巷，追憶那段愛情足跡！

「如果，義大利城裡能有一棟像英國白金漢宮式的建築，我想一定能引起國王的注意。」有了這個想法後，年輕人便開始行動，先是爭取到幾位企業家的支持與投資，然後設計圖便出爐了。不久之後，在義大利小城內出現了一棟英式風格的漂亮建築。

這天，國王再度詢訪探察民情，經過時看見這個建築物，一時驚訝得說不

出話來：「這……是……」

睹物思情，埋藏於心底的故事再次放映於眼前。之後，國王特別召見他，大力誇讚他的建築技術。

是的，年輕人等的就是這個時刻！

因爲國王讚賞與召見，讓他一夕間聲名大噪，不只媒體爭相報導他與他的建築，許多上流人士更搶著要他設計新居，就這樣，他一躍成爲義大利建築界的大師，身價百倍。

看多了創意巧思的討論，在這裡，我們不妨用「心思」兩個字來解說。若不是年輕人用心感受，或許也就抓不到國王的想念心意了。這些動作雖然看起來沒什麼特別，但一份體貼心意，便足以滲入感動每一顆心了。

把別人的心意放在我們的心上，自然能獲得人們的認同與肯定。所以，找不到靈感、解不開方法的人，別困坐桌前，不妨放下一切，跨出步伐，重返生

活圈與人重新互動，聽聽人們怎麼想、怎麼說，並仔細聽出人們的需要或渴望，靈感自然茂發，創意更會源源不斷地被啟發。

再回到故事中，年輕人還給了我們一個方向：「不管有無機會，一路都要積極努力，然後我們自然會和成功相遇！」

一路辛苦前進，年輕人從未有過怨言，他除了樂觀自勉之外，更加積極地肯定自己。從一開始累積的「一切靠自己」，到確定目標的「一定能改變命運」，我們其實也預見了他成功的背影。幸運之神向來最喜歡親近這樣樂觀積極的人，不是嗎？

不要在最後關頭放棄堅持

重要的是對自己價值的肯定。成品的好與壞都代表著自己，一個錯誤的轉念，一個偏差小動作，都足以否定前大半生的努力和累積啊！

別在最後一刻鬆懈怠忽，成功的每一個腳步都得確實踏下，即使已到了最後一步也要踏得實實在在，如此一來，人生才算是真正有了成果，也才會聽見人們無疑的肯定掌聲。

所以，就算再累也要堅持到最後一秒鐘，即使各方表現不再像從前，我們也要保持從前的精神態度，和過去一樣努力積極，這樣才不會辜負自己這一路走來的辛苦付出。

老木匠決定退休了，這天他對合作多年的老闆說：「對不起，我的年紀已經很大了，不想再辛辛苦苦蓋房子，請您允許我早一點退休，好回去陪老伴過個悠閒的晚年。」

老闆點了點頭說：「好，我知道了。」

然而，就在老木匠準備好一切時，老闆忽然對他說：「老李，你手工這麼精巧，這樣好了，你再幫我蓋一棟房子，酬勞我會加倍給你，算是離開前再賺一筆退休金，如何？」

老木匠聽了，點了點頭，畢竟能多賺點養老金也不錯。

只是，這一次老木匠的心思已經不像過去，工作狀態似乎有些意興闌珊，不僅手藝明顯退步，甚至還幹了偷工減料的事。

房子總算完工了，這天老闆來到新屋前驗收。他逛了屋子一圈，隨後拍了拍木匠的肩膀，說道：「拿去吧！這房子從此屬於你的。合作這麼多年，算是

我的一點心意！」

「什麼！」老木匠一聽，吃驚得張大了嘴，一句話也說不出來。

話說不出來，但他心裡的話卻是一長串：「天哪！眞是太丟臉了！唉，早知道這房子是要給我，那……那我拼了命也要用心設計這棟建築啊！」

老木匠的念頭很可笑吧！但是多少人不是和老木匠一樣，不關乎自己的事情總態度隨便，輕忽怠慢，反之，一知道和自己切身相關，不只小心翼翼，就連無關緊要的人也會用心應對。

看著老木匠先前的心態和後來的轉念，我們也明白了一個道理：「處世少一點計較，事事要能盡心盡力，只要無愧於心，便能擁有最豐盛的收穫！」

屋子最終是不是自己的一點也不重要！重要的是對自己價值的肯定。成品的好與壞都代表著自己，一個錯誤的轉念，一個偏差小動作，都足以否定前大半生的努力和累積啊！

接下任務時，不要想著對方會不會付出多一點，知音難得，若不是他們肯定及相信我們，這個機會也不會落到我們手中。

也許，我們無法進住那間屋子，但只要踏實的態度照舊，手工依然細緻老實，那麼老木匠的好手藝不僅將廣爲人傳，還將長久爲人所肯定和敬重，而這不就是我們要的嗎？

用不完美來成就完美人生

每個生命都有其存在價值，即使不完美，仍會有非比尋常的優點來補足他的殘缺。

別小看了自己的缺陷，更別輕視生活中充滿殘缺的人事物，生命原本就很少會以完美出現。

因爲，太過完美了，改進的空間不多，反而會讓生命失去應有的活力，也失去存在的意義。

別煩惱自己無法達到完美，更不要輕視人們的小缺點，若不是這些修改機會，我們的生活也不會如此快樂趣味。

球技極佳的愛麗絲準備到其他學校比賽，很希望母親能前往觀賽，母親笑著說：「會的，妳不說我也會和妳父親一塊去。」

「不，妳一個人來陪我就好。」愛麗絲有些不耐地說。

母親一聽，驚訝地問：「爲什麼？」

愛麗絲支支吾吾地說：「我覺得他別出現比較好，妳想想一個行動不方便的人在那兒，看了都有些不舒服。」

母親嘆了口氣，說：「妳嫌棄父親？」

「不，我……」當愛麗絲正準備再找理由時，父親忽然出現，說道：「這幾天我要出差，家裡有什麼事你們先撐著啊！」

父親是個瘸子，對此愛麗絲深感自卑，也常想著：「這麼平淡無奇還帶有殘缺的人，眞不知道母親爲何會選他？」

比賽很快地結束了，愛麗絲還拿到了冠軍，回家的路上母親十分開心地

說：「妳父親知道的話，一定很開心。」

這時愛麗絲有些厭煩地說：「媽媽，這時候不要提他好不好？」

聽見女兒這樣回應，母親生氣地說：「孩子，妳這是怎麼一回事？」

發現母親生氣，愛麗絲卻一點也不覺愧疚，接著還說：「不爲什麼，我就是不想提到他。」

母親嘆了口氣，然後以十分凝重的口氣說：「孩子，看來是時候告訴妳實話了！妳的態度非常不對，妳知道爸爸的腳爲何會瘸嗎？」

愛麗絲搖著頭說：「我不知道，我也不想知道！」

母親實在忍不住了，怒道：「這由不得妳！在妳兩歲那年，妳爸爸帶著妳到公園裡玩，就在回家的路上，妳忽然跑到大馬路上，這時一輛汽車急馳而來，妳爸爸爲了救妳，左腿便這麼被車子輾斷了啊！」

愛麗絲一聽，驚呆了：「怎麼可能？」

「唉！天下有哪個父母不愛自己的孩子啊，妳父親還怕妳自責，一直不讓我告訴妳，妳知道嗎？」母親無奈地說。

「還有一件事妳不知道，妳父親就是貝蒂斯，是妳最喜歡的作家啊！」接著，母親補充道。

愛麗絲一聽，驚訝地跳了起來：「眞的嗎？我不相信！」

母親說：「不相信的話，妳可以去問妳的老師。」

母親的話才一說完，愛麗絲便迫不及待去找老師，沒想到這一切都是眞的。老師最末還對她說：「愛麗絲，這一切都是眞的。我不妨告訴妳吧！妳父親眞的很偉大。」

兩天之後，父親回來時，愛麗絲跑上前去，低聲問父親：「爸爸，您眞的是貝蒂斯嗎？」聽見女兒這麼問，父親先是愣了一下，然後笑著說：「是啊！我就是貝蒂斯。」

愛麗絲一聽，連忙拿出一本書說：「大作家幫我簽名吧！」

父親看了她片刻，然後笑著寫下：「給我可愛的愛麗絲：平凡的生活比什麼都重要，懂得平凡的人都有偉大的一面！」

別再等到明白眞相後才知道珍惜，連無關緊要的人，我們都能感受到其情眞假，對於親人的愛意又怎麼可能感受不到？

聽見愛麗絲的母親說「天下有哪個父母不愛自己的孩子」，想必已爲人父母的人，都會拼了命的點頭，畢竟懷胎十個月一點也不容易，再看見源於自己的新生命，那份感動更是難用筆墨形容啊！

緊密親情是再要好的朋友也無法取代的，如果還在計較父母偏心對待的人，不妨再回頭想想，若不是父母費心呵護關照，我們又怎能長得這麼大？

「懂得平凡的人都有偉大的一面」，這是愛麗絲父親以作家角色分享的座右銘，其中不只勉勵愛麗絲要多肯定自己，也提醒著愛麗絲：「不要去否定任何人，因為每個生命都有著存在價值，即使不完美，仍會有非比尋常的優點來補足他的殘缺。」

斤斤計較只是自尋苦惱

要求世界要公正公平，最重要的是我們自己也要有相同的平等心，不期待人們的差別待遇才能看見並獲得真正的公平對待。

競逐成功，並不是非要把對方擊倒殺死不可，眞正的成功者會在對手倒下時，上前扶持一把，然後用多數人做不到的包容心，迎接對方的俯首稱臣。

很難理解嗎？

其實並不會。世上什麼樣的人都有，世上什麼樣的人心都會出現，但不管人事物有多大的不同和差異，應該沒有人會喜歡私心嚴重的人，更沒有人不期望能有個平等包容的社會。

簡單來說就是，不要一心計較，要多一份愛的分享。如此一來，我們不必動用到人心險惡的那面，這世界自然會給我們想要的幸福快樂。

阿痞被牙痛折騰得快瘋了，早就該去看牙醫的他，因爲身無分文，遲至今天還不敢去見醫生，但今天午後，他疼得躺在地上打滾，眼淚都流出來了，只得逼著自己去見醫生。

硬著頭皮來到牙科診所，醫生看過之後說：「你這顆爛牙不拔不行了，不過……你有錢嗎？拔一顆牙要一百塊錢耶！」

牙醫看他一副窮酸樣，心裡想著：「這傢伙看起來恐怕沒錢付帳。」

阿痞從牙醫的語氣中聽出他的鄙夷與質疑，雖然很不高興，但這牙不拔不行，不然他可要疼死。於是他轉了轉腦袋，心生一計：「請問，爲了鑲牙不得不拔掉好牙齒，要花多少錢？」

「二百塊。」牙醫答道。

「這樣……那幫我鑲顆牙吧！不過，麻煩你先將我蛀牙左邊的那顆牙拔掉，我想，這樣一來你比較好作業，我也不必受那麼多的折磨。」阿痞說。

「嗯，你說得很對，我今天就免費幫你多拔一顆吧！」牙醫怎麼會不答應拔牙又鑲牙，能多賺點錢怎麼不好？

然而，當牙醫將那兩顆好壞牙拔下後，阿痞卻大叫了一聲，跟著還給了牙醫一拳：「蠢蛋，你怎麼拔了我那顆健康的牙啊？它又沒蛀！」

牙醫一聽到這話，連忙辯駁：「這……這是你讓我拔的啊！」

阿痞憤憤地猛搖著頭否定：「胡說，有誰會這麼笨到把好好的牙拔了，哼！我一定要告你。」

聽見阿痞要提告，牙醫完全慌了手腳，要是真上了法庭，法官依事證來判的話，他肯定是輸家，而且消息要是傳了出去，聲譽和生意必定大受影響。

「好！算你厲害，我不收你錢就是了！」牙醫老大不情願地說。

「什麼？那我還是吃虧啊！拔掉好牙的代價要兩百塊錢才行，你可別說我壞心，這拔掉蛀牙的錢我還是給你吧！不過，你還得找我一百塊才行。」阿痞

滔滔不絕地說道。

牙醫沒輒，最後只好再給了他一張百元鈔票花錢了事。阿痞一接過鈔票後，便開開心心地咬著大塊棉花離開啦！

不懂得放下的人總是斤斤計較有形財富的得失，殊不知，錙銖必較的行徑只會因爲不停算計而自尋苦惱，最後陷入慾望的深淵，就算最後眞的攫取了名利地位，又有什麼快樂可言？

笑看阿痞的狡猾作爲，應該沒有多少人會覺得阿痞不對，之所以會得出這樣的結果，無非是故事中醫者的缺乏善心。

一個小小的鄙視眼神，一個看似合理的懷疑念頭，在在突顯出醫者無心的醜陋。對阿痞來說，或者當下最快樂的並不是牙痛不再，而是機智反擊市儈人心的那股快意吧！

由古至今，現實生活中總不乏這一類型的醫者，看似大愛救濟世人，但多少人不是在口袋塞滿後才大展慈悲？

只是再跟著小小的蛀蟲竄動反思，我們從另一個角度觀想，這人性的現實面若非有人助長，或者不至於這麼張狂吧！

再明白一點說，每個人都渴求被重視或能得最好的照顧，但我們實在不應從後門進入。畢竟，要求世界要公正公平，最重要的是我們自己也要有相同的平等心，不求特殊看待，不期待人們的差別待遇，如此，我們才能看見並獲得眞正的公平對待。

5.
PART

立志當珍珠，不要當沙子

作家A．芭芭耶娃在《人和命運》裡說：
「不必誇耀自己擁有什麼才能，
關於這一點，別人要比我們看得清楚。」

當自己命運的建築師

俄國作家奧斯特洛夫斯基曾說：「假如你有那麼一秒鐘的退縮，失去了對勝利、前進的信心，那麼勝利就會從你手中溜掉。」

弱者把希望寄託於他人，強者把希望寄託在自己身上。人應該培養對自己的信心，只畏建立信心，就能克服眼前的障礙和困難，當自己命運的建築師。

美國著名的小說家普拉格曼，某次長篇小說得獎，在頒獎典禮上，有位記

者問他：「你認爲生命中讓你成功的關鍵轉折點，是在什麼時候？」

這時，他對著記者說了自己的一段親身經歷。

二次大戰中，他還沒讀完高中就到海軍服役。一九四四年八月，在一次海上戰鬥中他身負重傷，雙腿無法站立。爲了保住他的生命，艦長緊急派了一個海軍下士開著小船，冒著危險將他送到戰地醫院。

誰知，在黑暗的大海中，小船漂流了四個多小時，還很不幸地迷失了方向，此外，周遭隆隆的砲火聲音，也使這名掌舵的海軍下士害怕得失去了信心，準備拔槍自殺。然而，傷勢嚴重的普拉格曼卻很鎭定地勸他：「別開槍，我有一種預感，你對自己要有信心和耐心，千萬不要絕望、慌亂，我們一定會找到方向的。」

話剛剛說完，突然對敵軍發射的高射砲在天空爆炸，照亮了海域，而他們也發現，小舟已經離戰地醫院的碼頭不遠了。

普拉格曼說，這個極具戲劇性的經歷，在自己的心中烙下相當深刻的印記。從此，他堅信，即使面對失敗也要有耐心，絕不失望、驚慌，因爲在最後時刻

一定會有轉機，一定會出現勝利的曙光。

俄國作家奧斯特洛夫斯基曾說：「假如你有那麼一秒鐘的退縮，失去了對勝利、前進的信心，那麼勝利就會從你手中溜掉。」

怎麼讓危機變轉機，如何從逆境走向順境呢？

我們都知道要找方法解決，也知道要培養能力去改變，但在解決和改變前面，有一個大前題是：「不要放棄！」

人只要對自己充滿信心，就不會輕言放棄。只要沒有放棄，機會就仍然在你的手上；只要不放棄，成功的方向一定會讓你找到。

靠著意志的培養和毅力的鍛鍊，把你的自信心好好培養起來，即使面臨再困苦的危難，都會有轉機出現。

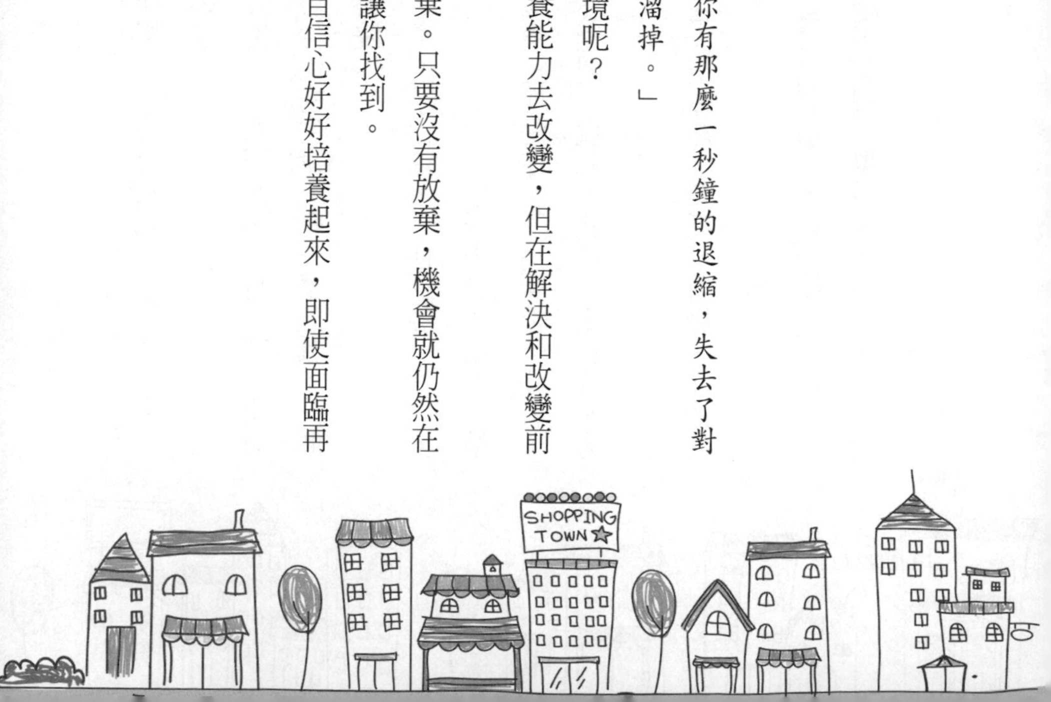

你為什麼覺得生活很痛苦？

白俄羅斯作家伊凡．沙米亞金在《夜幕中的閃光》中告誡世人：「要在自己身上找到力量來拯救自己的幸福，否則它就會被摧殘、玷污。」

覺得現在的工作讓你很痛苦嗎？

先停下腳步想想，你是用什麼樣的心態在進行，如果連一點樂趣也沒有，那就別再前進了，換個工作或者重新開始。

找出你主動學習的熱情，換個態度面對你的工作，釐清什麼是你想要的生活，整理你應該有的生活態度，你才不會在埋怨中虛度一生。

有一位住在山區的農夫，每天都必須翻山越嶺地挑著兩大擔柴，到市集去販賣。他把所得的錢購買一天的糧食後，就細心地把剩餘的錢存好，供他兒子到城裡讀書。

有一年，當兒子放暑假回來時，農夫爲了培養他吃苦耐勞的精神，便叫兒子幫他挑柴到市集去賣。一直深受呵護的兒子不大情願地挑了兩擔柴，翻山越嶺地挑到市集去，但是這項粗重的工作可把他給累壞了，只做了兩天，他就累得不能再做了。

父親沒辦法，只好嘆了口氣，要兒子好好休息，自己挑柴去賣，好養家餬口。可是，天有不測風雲，幾天後，父親卻不幸病倒了，而且這一病就是半月。家裡頓時失去了經濟來源，眼看就要陷入絕境，兒子想不出其他辦法，只好主動地挑起生活的重擔，學著父親上山砍柴，然後再挑到市集裡販賣。可是，這次他卻一點也不覺得累。

「兒子，別累壞了身子！」躺在床上的父親欣慰地看著兒子。

這時，兒子停下手中的工作，對父親說：「爸，眞是奇怪，剛開始你叫我挑柴的那兩天，我挑的擔子那麼輕，但卻覺得相當累，怎麼現在我挑得越來越重，反倒覺得擔子越來越輕了呢？」

父親開心地點點頭，說道：「那是因爲你已經把體力鍛鍊出來，還有就是，經過這次事件，你的心理也成熟不少的緣故。當你有了挑起重擔的勇氣，那麼擔子自然就會變輕！」

你明白這位父親所說的理由嗎？

當所有動作都是自發性的時候，那麼一個人對於自己挑起的擔子便不再感到辛苦；當心中沒有了抱怨，時間一久，不知不覺就會覺得甘之如飴，擔子自然也就挑得輕鬆又自在。

當兒子把挑柴換得的糧食帶回家時，從中所得到的滿足感，便是他擔子減

輕的重要助手。

白俄羅斯作家伊凡．沙米亞金在《夜幕中的閃光》中告誡世人：「要在自己身上找到力量來拯救自己的幸福，否則它就會被摧殘、玷污。」

當你能自動自發的行動，就會開始培養出興趣，有了興趣，任何事情對你而言就不會有所謂的辛苦存在，每天只會感到成就感不斷增加。

別急著放棄，再堅持一步就抵達終點了

古希臘史學家修昔底德在《伯羅奔尼撒戰爭》中寫道：「真正能被稱為最勇敢的人，極其清楚地同時意識到生命的痛苦與歡樂，但並不因此而在危險面前畏縮。」

莎士比亞曾說：「千萬人的失敗，都是失敗在做事不徹底，往往做到離成功尚差一步，就終止不做。」

其實，想要成功沒有什麼特別的秘訣，只在於永不改變既定的目的，想要成功，也毫無技巧可言，只要你對目前的工作，全力以赴和永不放棄，如此一來，想打造一個成功的自己，並非遙不可及。

走到成功的臨界點之時，你會選擇放棄，任由機會流失，還是咬緊牙關堅

持到最後一秒？

生活中，我們會不經意的浪費很多時間，但是，在關鍵時刻，如果你把最後一秒的機會浪費掉，或是提早放棄，那麼就從此和成功絕緣了！

來到了開羅博物館，首先映入眼簾的是從卡蒙法老王墓陵挖出的寶藏，每一件都顯得光彩奪目，而在博物館的二樓，則放著燦爛奪目的寶藏，有黃金、珠寶飾品、大理石容器、戰車、象牙與黃金棺木……等等。

這些精巧的工藝至今仍令人讚歎不已，不過，這些東西若不是霍華．卡特堅持，再多一天時間探挖，也許至今仍藏地下不見天日。

一九二三年的冬天，卡特幾乎要放棄尋找年輕法老王墳墓的希望，因爲，他的贊助商已經準備取消贊助費用了。

卡特在自傳中描述，當時是他們待在山谷中的最後一季了，他們整整挖掘了六季，但是在這麼長的日子裡卻毫無所獲。有時候他們日以繼夜的工作，卻

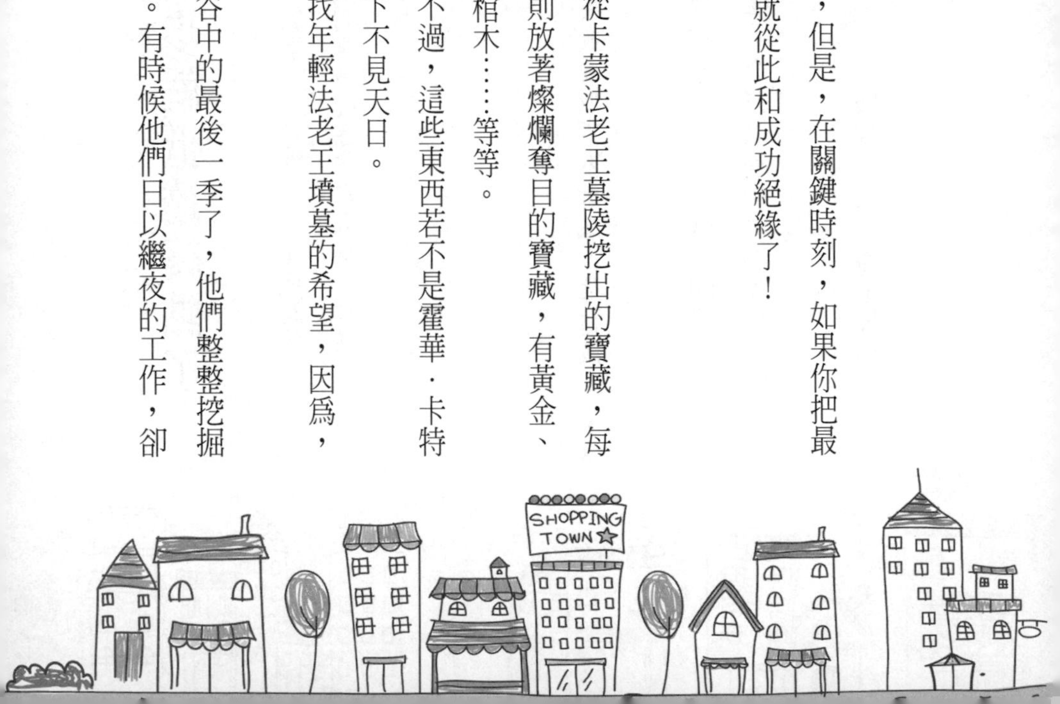

一直沒有任何發現，內心感到陣陣絕望，幾乎認定自己被打敗了，應該準備離開山谷到別的地方去碰碰運氣。

但是，要不是大家最後堅持，再用力往地上一鎚，他們永遠也不會發現，那些遠超出衆人夢想的寶藏。

因爲卡特的堅持，到最後一刻也不願放棄的精神，才能讓他成爲近代第一個挖掘出最完整法老王墳墓的人。

古希臘史學家修昔底德在《伯羅奔尼撒戰爭》中寫道：「真正能被稱為最勇敢的人，極其清楚地同時意識到生命的痛苦與歡樂，但並不因此而在危險面前畏縮。」

不管你現在做到什麼進度，都要充滿積極想法，告訴自己：也許再走一步，就能得到成功的喜悅。

失敗和挫折往往會擋在成功路的最後一步，能夠堅持的人，會看見那個跨

欄，並奮力一跳，抵達終點，接受歡呼；不能堅持的人，不僅看不到那個高欄，還會被它絆倒，而且被絆倒後，甚至連爬到終點的努力都不肯付出。

不想原地踏步，就給自己一個往前奔馳的堅持，任何放棄的念頭都不能有，如此才有機會到達你的目的地。

立志當珍珠，不要當沙子

作家A．芭芭耶娃在《人和命運》裡說：「不必誇耀自己擁有什麼才能，關於這一點，別人要比我們看得清楚。」

作家普卜利烏斯說：「消除苦惱的最好辦法就是接受它。」只要我們願意接受事實，現實生活中許多失意挫折都有辦法克服，最怕的是缺乏面對自己的勇氣。

不要只會抱怨別人，也不要只知埋怨環境不公，人生的機會其實很多，但只給肯腳踏實地的人。

你還在責罵全世界的不公嗎？

不如先反省自己吧！

有個年輕人在學校的課業成績很好，但是畢業後卻屢屢碰壁，一直找不到理想的工作。他總是抱怨自己懷才不遇，對社會感到非常失望，抱怨政府無能，責怪老闆現實，感慨世間竟然沒有伯樂來賞識他這匹「千里馬」，對大環境既傷心又絕望。

有一天，這個年輕人懷著痛苦的心情來到海邊，打算就此結束自己的生命，當他走入海裡即將被海水淹沒的時候，一個老漁夫把他救了起來。

老人問他爲什麼要走上絕路。

年輕人忿忿不平地說：「我得不到別人和社會的肯定，沒有人能欣賞我，覺得活在這樣的世間根本就沒有意義！」

這時，老漁夫從腳下撿起了一粒沙子，讓年輕人仔細看了一會兒，然後隨手扔到地上，對他說：「請你把剛才扔在地上的那粒沙子撿起來吧！」

「這哪有可能！」年輕人瞪大了眼，低頭看了一下說。

老漁夫沒有回應，從口袋裡拿出一顆白皙明亮的珍珠，一樣隨便扔到了沙灘上，然後對年輕人說：「你能把這顆珍珠撿起來嗎？」

「當然能！」年輕人以爲老漁夫是在跟他開玩笑。

這時，老漁夫認眞地說：「你明白問題所在了吧？現在的你，還不是一顆光彩耀人的珍珠，當然不能期望別人馬上肯定你。想讓別人看見你的能力和實力，你就要想辦法讓自己成爲一顆珍珠才行。」

年輕人點了點頭，若有所思的低頭不語。

作家萊昂曾經這麼寫道：「煩惱的利息，是由那些習慣讓小事綁架自己的人來支付！」

不要沒事自尋煩惱！這句話充滿著精闢的哲理，但眞正瞭解並且身體力行的人卻屈指可數，否則，就不會有那麼多人爲了小事鬱悶，讓小事綁架自己。

耗盡我們生命的，與其說是重大的悲劇，不如說是瑣碎的小事所引起的煩惱，千萬別爲小事煩惱，何不善用當下的時間，做好自己該做的事呢？

任何一個人，一開始都必須知道自己只是顆普通的沙粒，而不是價值連城的珍珠，想要出人頭地，就必須累積自己的資本才行。

想要讓自己像珍珠一樣，就得不斷提高自己的能力和價值，認眞紮實地累積，當你成爲一顆渾圓又光亮的珍珠，就算你身藏再深的海底，也一定有人會潛到深海將你尋找出來。

任何夢想花園都得靠你親手打造

法國文豪雨果曾說：「我寧願靠自己的力量，打開我的前途，而不願乞求有力者的垂青。」

作家哥爾斯密曾經如此寫道：「不論在哪裡，不論你是誰，自己的幸福要靠自己去創造、去尋覓。」

不要老是羨慕嫉妒別人，也不要一味模仿別人，只有那些能夠腳踏實地打造自己夢想花園的人，才是最幸福的人。

別再浪費時間了，不如把等待和觀望羨慕的時間拿來行動，你也會有屬於自己的美麗天堂。

某一年的夏天，有六個高中生前去拜訪費城當地以博學著稱的康惠爾牧師，向他提出請求：「牧師先生，您肯教我們讀書嗎？因爲，我們沒有錢上大學唸書，現在中學要畢業了，我們都非常想再繼續深造學習，不知道您願不願意指導我們？」

康惠爾答應了這六個貧家子弟的請求，事後他突然想到：「一定還有許多年輕人和這六位學生一樣，想學習知識，但又付不起學費上大學，我應該爲這些窮困的年輕人辦一所大學。」

於是，他爲了籌建大學開始進行募捐。當時，建一所大學大概要花一百五十萬美元。康惠爾四處奔走，忙著在費城各地演講，這樣努力奔波了五年，豈知竟然還湊不足一千美元。

康惠爾感到非常難過，有一天心情低落地來到了另一間教堂，正想著下星期要準備的演講稿時，低頭發現教堂周圍的草長得枯黃雜亂，便問園丁：「爲

什麼這裡的草，長得不像別間教堂那樣青綠呢？」

園丁抬起頭，不以爲然地看著牧師說：「你認爲眼中這地方的草長得不好嗎？那是因爲你把這些草和其他地方的草做了比較的緣故。我們總是看到別人美麗的草地，希望別人的草地就是我們的，卻很少認眞整理自己的草地。」

沒想到園丁不經意的一段話，頓時令康惠爾恍然大悟，隨即跑到教堂裡開始流暢地撰寫演講稿。

在演講稿中他這樣寫著：「我們總是讓時間在等待和觀望中白白流逝，自己卻忘了可以親自動手，讓事情朝著我們所期望的方向發展。」

不久之後，康惠爾牧師終於完成願望，創立了一所嘉惠窮人的大學。

法國文豪雨果曾說：「我寧願靠自己的力量，打開我的前途，而不願乞求有力者的垂青。」

一般人總是習慣看著別人的非凡成就而羨慕不已，卻不肯親自耕耘屬於自

己的美麗花園。

對康惠爾牧師來說，當他努力爲費城的貧困子弟四處奔跑時，大部份的人只肯給予同情的眼神，卻不肯付出幫助。

牧師發現不同地方的草地經營，發現人們只會羨慕的慣性，於是，他把「自己的夢想要自己實現」的觀念傳遞出來，希望能讓所有人知道，只要願意，任何夢想都能實現。

當我們羨慕別人用手整理出美麗花園，何不也親自動手整理一片屬於自己的美麗花園？

信心就是希望的火種

德國作家亨利希．曼說：「信心是希望的火種，往往在你摸索的黑夜裡，照亮前程的路。」

面對逆境或險境，你總是是慌張地亂了陣腳，還是沉著應對？不要把緊張和恐懼在最危險的時候表現出來，因爲，那只會讓對手更有把握對付你而已。

斯蒂克在第二次世界大戰時被徵召入伍，在聯軍登陸諾曼第之後，他就被

送到歐洲戰場上，參加抗德戰爭。

他在前線歷經六個月的戰爭，所屬的兩百多人隊伍，後來只剩下幾個生存者。不久，他從小兵升到了班長，還獲得三枚獎章和一個英勇勳章。他曾經多次在深夜帶兵到敵後偵察，也曾數次襲擊敵方的營地，每次他都打前鋒，而且每次都是九死一生。

一次，在德國邊境的小鎮上，他擊毀了一架敵方的機關槍，還救了同袍一命。有一次要深夜到敵後偵察時，他的排長命他帶領一群弟兄，穿過鐵絲網和地雷區，深入敵軍兵營裡探取情報。這次斯蒂克仍然走在最前頭，不但帶回寶貴的情報，還俘擄了四個敵兵回來。

還有一次偵察行動中，斯蒂克帶著一班弟兄越過一座橋樑，進入了靠近德軍駐紮地的一間獨立小屋，就在黃昏時分，他們擊斃了一名攻入走廊的德軍。他和弟兄們在小屋中和敵人的屍體一起過夜，因爲和德國軍隊只隔著一座橋，士兵們都很害怕敵人會來圍攻，這時斯蒂克沉著地說：「勇敢一點，只要我們不畏縮，這一夜一定能安全渡過。」

有了斯蒂克充滿信心的勉勵，一班弟兄們的心都鎮定了下來，也真的平安地渡過了一夜。

德國作家亨利希．曼說：「信心是希望的火種，往往在你摸索的黑夜裡，照亮前程的路。」

培養你的自信心吧！所謂的奇蹟和轉機，其實都是對自己有了信心後，能沉著應對，然後以不畏縮、堅持不懈和越挫越勇的精神，安然渡過每一個困難和危險。只要充滿了信心，你就你自己命運的主宰，不管碰到任何危險事情都能逢凶化吉。

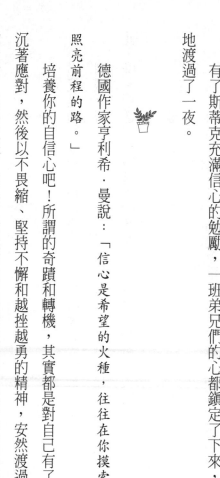

勇氣會讓你逢凶化吉

英國桂冠詩人華茲華斯說：「堅韌是成功的一大因素。只要在門上敲得夠久、夠大聲，一定可以把裡頭的人叫醒。」

逆境是通往成功的唯一道路，也是鍛鍊意志的最高學府。鋼鐵之所以堅硬，是因爲它在烈火裡燃燒，在冰水裡冷卻。人生也是如此，唯有遭遇過超越常人的苦難，才能獲得超越常人的成功。

一八六四年九月三日，瑞典首都斯德哥爾摩近郊的一家工廠，突然傳出一

連串震耳欲聾的爆炸巨響，頓時濃煙佈滿天空，火舌不斷竄燒，短短幾分鐘時間，化學家諾貝爾前半生的心血化爲灰燼。

消防隊和當地民眾趕到出事現場時，只見原來的工廠已經蕩然無存，無情的大火吞沒了一切。諾貝爾呆楞地站在火場旁邊，這場突如其來的災禍，把他嚇得面無人色，全身不住地顫抖著。

消防隊從瓦礫中找出了五具屍體，其中一個是他正在大學讀書的小弟，另外四個人則是和他情同手足的助手。

諾貝爾的母親得知小兒子慘死的噩耗，不禁悲痛欲絕，而他的父親因爲受到刺激而中風，從此半身癱瘓。

然而，遭遇這麼巨大的痛苦和失敗，並沒有讓諾貝爾放棄研發工作。

悲劇發生後，警察立即封鎖了出事現場，並嚴禁諾貝爾恢復工廠，當地民眾也像躲避瘟神一樣避開他，也沒有人願意再出租土地讓他進行高危險性的實驗。但是，這一連串挫敗和打擊，並沒有讓諾貝爾退縮。

幾天之後，有人發現離市區很遠的馬拉崙湖上，出現了一艘巨大的平底駁

船，船上擺滿了各種實驗設備，有個人正全神貫注地進行一項神秘的試驗。他就是在大爆炸後，被當地居民趕走的諾貝爾！

因爲勇氣，諾貝爾多次逢凶化吉，經過多次充滿危險的實驗，諾貝爾沒有和他的駁船一起葬身魚腹，反而發明了雷管，這是爆炸學上的一項重大突破。接著，他又在德國漢堡等地建立了炸藥公司。

一時之間，諾貝爾生產的炸藥成了搶手貨，源源不斷的訂貨單從世界各地傳來，他的財富也與日俱增。

儘管獲得成功的諾貝爾並沒有擺脫挫折，但是，接踵而至的災難和困境，並沒有讓諾貝爾嚇倒，更沒有一蹶不振。毅力和恆心，使他堅忍不拔，把挫折踩在腳下，也贏得了成功。

他一生當中，總共獲得了三百五十五個發明權的專利，還用自己的財富創立了諾貝爾獎，這些獎項至今仍被國際視爲一種至高無上的榮譽。

英國桂冠詩人華茲華斯說：「堅韌是成功的一大因素。只要在門上敲得夠久、夠大聲，一定可以把裡頭的人叫醒。」

從諾貝爾獲得成功的過程中，反省一下自己曾經遇上的困難，是不是根本就微不足道？

諾貝爾堅忍不拔的勇氣，有沒有讓你面對困難更加有了信心？

想實現目標，你必需要有越挫越勇的能量，能跌倒了再站起來，這些是成功的過程中不可缺少的必備條件！

成功之時，也有可能是失敗的開始

法蘭西斯·培根曾說：「凡是過於把幸運之事，歸功於自己的聰明和智謀的人，結局多半是很不幸的。」

法國作家勒納爾說：「謙遜，是一種最不會冒犯別人的驕傲。」

「勝不驕，敗不餒」，這不只是一句格言而已，而是爲人處世的備忘法則。要求意氣風發的人不要把眼睛放在頭頂上，其實並不容易，但是，如果你眞把雙眼擱在頭頂上，小心你就要被前面的小石頭絆倒。

一九八〇年，松下電器已經是一個資本高達兩兆億日元的大企業。

這一年，松下幸之助提拔山下俊彥出任總經理，在第四次決算時，公司營業總額爲二兆一百五十二億五千八百萬日元，比起前一年同期成長了百分之七。當時，日本的產業界中，除了松下電器之外，營業額能達二兆億日元的只有三家，即豐田汽車、日產汽車和新日鐵，而松下企業則比預定計劃提早一年突破了二兆日元的目標。

可是身爲總經理的山下俊彥，心中雖然喜悅，卻沒有因此而露出驕傲的神情，他說：「營業額超過二兆日元固然可喜，但我還不能放心，在營業額成長的同時，我們還必須充實新內容，否則很快就會被追上。」

從這一年起，山下俊彥開始整頓公司的體制，著手進行革新，從家用電器製造到電子綜合產業，都經過一番改革。

山下俊彥說：「從銷售量上來比較，菲利浦是三兆八千億日元，美國通用電氣公司則是五兆億日元，而我們在銷售規模上還比不上他們，即使是利潤上，純利也只有百分之四而已，這比美國通用電氣公司的百分之六，還要低了許多。

因此我們還要努力，才能趕上通用電氣公司！」

山下俊彥告訴員工，不要只滿足於眼前的成績，要有不斷求新求進步的衝勁，向更高的目標邁進。

因此，常常有人背後議論他：「山下先生的慾望未免太大了！」

然而，山下俊彥並不以爲意，他再次提出忠告：「我們在失敗的時候，反而能產生忍耐和克服困難的勇氣，會去反省自己的錯誤，弄清楚問題所在。要時時刻刻牢記這種精神，才不會遭到失敗。」

法蘭西斯．培根曾說：「凡是過於把幸運之事，歸功於自己的聰明和智謀的人，結局多半是很不幸的。」

許多人會說失敗可怕，其實身處順境才更危險。一旦被提拔、晉升或小有成就，許多人就自滿於現況，而不知前進，一旦養成了驕傲自滿的心態，失敗也就即將開始孕育。

從現實的經驗來看，人都是在一帆風順的時候，開始出現了問題。

爲什麼他們成功之時卻馬上遭遇失敗？這是因爲，很多人常常因爲辛苦了好久，終於成功，反而忘了之前的辛苦付出，不知道要更懂得珍惜和謙虛，一旦成功就志得意滿，目中無人了起來。

因此，人必須像山下俊彥一樣，在成功之時看見成功之外的危機。

當你得意或某件事情圓滿解決的時候，不要興奮過頭，反而要更保持謹慎、冷靜的態度，你的成功才會恒久。

不斷學習才能不斷獲得

法國思想家孟德思鳩說：「我們接受三種教育，一種來自父母，一種來自師長，一種來自社會。第三種教育與前兩種完全背道而馳。」

有人會認爲，知識和學問是經由讀書獲得的，其實，更重要的學問不在學校或課本，而是經由不斷學習、研究才能獲得。

人應該像海綿一樣，不斷吸收有用的知識，彌補自己的不足。

期末考試的最後一天，一群大四學生在台階上擠成一團，他們正在討論著

即將開始的考試，這是他們畢業前的最後一次測驗，每個人臉上充滿了自信。有一些人正談論著自己已經找到的工作，另外一些人則談論著他們理想中的工作。他們對這四年來的學習成果相當有信心，都認爲自己是最優秀的人才，甚至還可以征服全世界。

考試即將開始，教授告訴他們可以帶任何想帶的書本或筆記，但是不能在測驗的時候交談。學生們高高興興地進了教室，教授把試卷發了下來，當他們發現只有五個考題時，臉上的笑容更加燦爛。考試時間結束了，教授開始收卷，但學生們臉上的笑容不再，看起來完全沒有了自信，臉上寫滿了沮喪。

教授看著一張張焦急的臉，問道：「五個題目都完成的請舉手！」

竟然沒有一個人舉手。

「那完成四題的請舉手？」

沒想到還是沒有人舉手。

「完成三題的請舉手！」

「寫完兩道題的呢？」

問到這裡，每個學生們焦躁不安地在座位上騷動起來。

「那麼一題呢？有沒有人完成了一題的？」

此刻，整個教室寂靜無聲，於是，教授放下了考卷，對著學生說：「沒錯，這正是我期待的結果。」

這時，有學生不滿地發起牢騷，教授帶著勉勵而感性的語氣說：「我只是要讓你們留下一個深刻的印象，讓你們知道，即使大家完成了四年的學業，但是在學校和課本之外，仍然有很多東西是你們還不知道的，這些你們不能回答的問題，其實和你們即將面對的未來生活有關。」

他微笑著補充：「放心好了，你們都會順利畢業，但是千萬要記住，即使你們大學畢業了，你們的教育才剛剛開始。」

法國思想家孟德思鳩說：「我們接受三種教育，一種來自父母，一種來自師長，一種來自社會。第三種教育與前兩種完全背道而馳。」

在大學畢業前，你們一定聽過教授們這樣的鼓勵：「恭禧你們大學畢業了，不過，接下來要進入的社會大學，才是你們眞正學習的開始。」

從小我們接受正規的學校教育，有了知識上的學習與累積；當我們慢慢成長，接觸的層面日漸寬廣，我們也開始面對生活裡的現實。

直到進入社會，有了工作，我們的人生才正要開始，任何會遇到的難題或人際上的交流……等等，全都和學校裡遇到的不同，沒有辦法學例援用。

也許有人幸運一點，能遇到貴人指點，但是，大多時候，事情都必須靠你自己加以解決，而這就是社會大學的多元性，也是你一輩子都要認眞學習的必修課程。不管你已經畢業還是即將畢業，都要說聲恭禧，你的社會大學即將正式開始。

6. PART

放下痛苦，才能找回幸福

無論怎麼辛苦難過，
我們仍要靠著自己力量學會放下，
重新振作，重新尋找出口，
才能找出真正願意與我們相伴
一輩子的真命情人。

勇敢面對，生活會越走越順遂

正視生活中的一切困難，我們會發現，原來所有人都是為了解決各種問題而生，每一個人也都擁有著突破難關的本事。

曾經歷過最困難時候的人，不必惱怒老天爺爲何一再給自己困厄挫折，因爲相較於平淡一生的人來說，能擁有這些特別經驗的人其實是幸福的。

這些寶貴經驗的累積，將是你晚年最佳的回憶甜品，更是你和人們分享精采生命的最好素材。

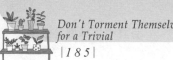

達科特的朋友總會向他傾訴：「唉！我現在的處境實在糟糕透了，我想和你好好地聊一聊。」

這時，達科特會先反問他們：「這是你一生中最艱難的時刻嗎？」

多數人給的答案是：「不！說實話，最困難的時候比這還要糟呢！」

達科特點了點頭說：「好，現在請你回想當初，然後再用當時那樣艱苦的狀態來應付現在的情況，相信你很快便會度過這個難關。」

當然，如果朋友們還是無法體會的話，達科特總會把他那段生死經歷告訴對方，希望對方明白，其實他已經很幸運了。

翻開記憶，那是一次冬季飛行，達科特駕著戰鬥機飛上高空。高空上，機械突然發生故障，座艙不知爲何越來越熱，他伸手想將某個開關關掉，卻發現這開關已經壞了！

無法控制駕駛艙內的溫度，對他來說十分危險，再加上在這個惡劣的氣候中飛行，此刻的他可說是一腳跨入了死亡。

達科特連忙發訊給控制台，並解釋他的處境，請求支援。

熱氣不斷地湧入座艙，熱得他幾乎無法思考，但是他仍然得想辦法飛回機場。這時，座艙突然充滿了煙霧，達科特的雙眼被薰得不斷流淚。而除凍器也因爲受不了高溫，燃燒了起來。情況實在危急，達科特一度想捨棄飛機，但考量之後，他決定再撐一下。

當時飛機燃料消耗得差不多了，達科特連忙和機場聯繫，但地面控制台卻回報：「由於機場上空風雨突然轉向，所以著陸方向必須和平常相反。」

達科特依照塔台人員的指引行動，飛到一個雲層裂開的地方，地面的景象隱隱乍現，讓他能分辨自己的位置。

他心想：「太好了，只要是偏右五十米，再左轉一個七十度的大彎，就能正對著跑道了。」

但是，這時飛機已經過境，如果他直接降落，肯定會有危險，因爲以目前的速度，恐怕會撞上地面建築物。轉念間，達科特想起一句話：「如果你沒有選擇，那麼就勇敢迎上去吧！」

是的，眼前除了將飛機拉起，盤旋一圈後再來一次之外，別無選擇。但

是，燃料已耗盡，他只剩下再來重一次的燃料了。

於是，他再次呼叫：「如果還不成功的話，請指定一個人煙稀少的區域，我將以跳傘方式降落。」

由於風雪實在太大，無論塔台怎麼指引，達科特始終看不見跑道，他想：「憑感覺，應該已經到了正確位置，我不想再改變位置了。」

於是，達科特憑著感覺衝出雲層，結果，跑道正擺在他面前，飛機安全著陸了，而且就在飛機停下來時，燃料正巧用盡。

「回想這一切，我若是浪費時間精力去擔心和抱怨情況的話，也許早和大家說再見了！」這是達科特經常對朋友們分享的心得。

這個經歷也讓他每每遇到困難時，用來鼓勵自己：「這會比那次還糟糕嗎？不會的，那時都能挺過來了，現在沒什麼能打倒我的！」

想想我們曾經或現在正經歷的艱難時刻，有多少人比得上達科特危險？又

有多少人會比他還來得困厄？

不管是誰，都一定能走過困難。那些創造生命奇蹟的人，靠的從來都不是上帝的力量，說白了，他們依靠的從來都是自己的力量。

一如達科特一樣，看著他冷靜面對，也望著他勇往直前，從他身上我們也學會了「生命操之在我」的道理。

看到這裡，你體悟出故事旨意了嗎？

遇到問題，我們都不該浪費時間抱怨計較，因爲那並不會減輕你我的苦悶，難題更不會因此消失。唯有積極迎上前去才能解決問題，正視生活中的一切困難，我們將會發現，原來所有人都是爲了解決各種問題而生，每一個人也都擁有著突破難關的本事。

不分心才能得到真心

與人相處時，一切仍要以眼前人事物為要，不要分心別念，因為很多時候不經意的分心常誤傷人心。

人和人之間的感情眞有那麼脆弱？

當然不是了，情淡的原因常是我們只顧及自己，卻忘了體貼別人所致。

要求別人容易，但我們更清楚知道，無論是自己或對方是否能做到則是另一回事。然而，一份份的情誼，卻常因爲這些無法突破的因由而發生嫌隙，甚至失去一段寶貴的友情。

陳沖有位朋友被派到其他縣當縣令，有一年陳沖來到那個縣辦事，老朋友知道後立即請他到家中做客。

看著一盤盤香噴噴的飯菜，早讓陳沖食指大動。只是，想飽餐一頓的陳沖卻始終未能如願，因爲老朋友不斷地問他：「鄉親們都好吧？」

「託您的福，一切平安。」陳沖回答。

「我的兒子好吧？」縣令又問。

「嗯，比您想像的還要好啦！」陳沖說。

「我母親呢？身體安康嗎？」縣令又追問。

「好得很，比你離開前還要健康。」陳沖有些不耐煩地說。

「是嗎？那我家那條大黑狗還在吧？」

大黑狗也問啦！陳沖點了點頭說：「在，牠還是不讓外人進您家門。」

「那我就放心了，那我的棗紅馬還健壯吧？」縣令問。

已經餓得咕咕叫的陳沖，眼看老朋友還沒完沒了，決定先吃一口飯再繼續說，然而當他剛要動手吃飯時，這老朋友卻又問道：「等等，你是說我家那條大黑狗還是那麼精明，對嗎？」

沒想到陳沖這回卻說：「不，我臨出門前的一天便死了。」

「什麼！怎麼會死了呢？你剛剛不是說牠不讓外人進家門嗎？」老朋友不禁瞪大了眼問道。

「是啊！不過，牠後來卻在啃咬您那匹棗紅馬的骨頭時被噎死了。」

「什麼！馬也死了，牠怎麼死的？」縣令吃驚地問。

「喔，就在安葬您妻子的時候跌入墓穴，折斷了脖子，就這樣摔死了。」陳沖胡亂說了一通。

「怎麼？我的夫人也死了？」縣令看來有些慌了。

「是啊！您妻子因爲您兒子死去，悲傷過度，走了！」

陳沖繼續瞎說，縣令看來很久沒回鄉了，把陳沖的話全部當眞，只見他悲傷地喊著：「天啊！我兒子也夭折了？」

「對！房子塌時把他壓在底下，這……唉！」陳沖煞有其事地說著。

接下來，這縣令居然不再發問了，這幾個打擊實在太大了，只見他悲痛欲絕地叫喊著：「啊！我可憐的兒子、夫人啊！你們怎能拋下我，全走了呢？」

至於陳沖，趁著這老朋友哭喪時候，狼吞虎嚥起來，等到肚子塡飽後，他才對老朋友說：「沒辦法，您高興的時候我便要挨餓；只好讓您悲傷一點，這樣我才能塡飽肚子，謝謝啦！再見。」

說完，陳沖就走了，留下縣令一個人莫名其妙地悲傷著。

眞有陳沖這樣的朋友，想必讓不少人又好氣又好笑吧！看過故事，還眞不知道要怒罵陳沖過分，或是冷靜笑看他的機智巧思？

不管方法對錯，我們不妨幽默檢討事情的變化，這縣令因爲思鄉情濃，著急地想透過陳沖了解家鄉一切，也許情有可原。不過，老朋友難得重逢，只顧著問候其他人，卻不管眼前人的情感心緒，似乎有些說不過去。

跟著陳沖的心情，我們也隱約學習到一件事，與人相處時，無論心中牽掛著什麼的事情，又或是正煩惱著其他人事物，不妨暫且放下，一切仍要以眼前人事物爲要，不要分心別念，因爲很多時候不經意的分心常誤傷人心。

即使再心意相通的朋友，也猜不到你心中真正的想法，與其敷衍應付，不如坦白心中的不快；與其分心掛念遠方的事，不如先專注解決眼前的人事。如此一來，人和人之間才不會老是錯結埋怨。

既然有心請人吃飯，就讓人家好好地吃完這頓飯吧！想談其他事情，也要懂得選對時間，好像飯後相約散步，不正是最好的談心時候？

靠別人的經驗，不如靠自己體驗

任何景況，始終要靠自己行走，更要靠自己好好去感受，並認真地記憶當時踏實落下的每一個腳步，然後我們便能學會「好好珍惜」。

喜歡閱讀別人經驗的人，不妨仔細想一想，眞有機會拿來套用的時候，有多少分享經驗是可以完全套用在我們身上，並且萬無一失的？

想必多數人還是得參照自己的經驗予以修正，再進一步試驗佐證，最終才能得出屬於自己的成功法則，才能眞正感受和享受從中獲得的感動、喜悅。

一位敗逃的將軍被敵軍盯上，倉皇逃到了一個小鎮上。

只見他奔入僻巷中的一間毛皮店，並氣喘吁吁地向毛皮商人哀求：「救救我，救救我！我可以藏在哪裡？」

商人緊張地說：「快！角落的那堆毛皮底下！」

跟著，他又用很多張毛皮蓋住將軍，才剛覆蓋好，敵人已經來到了門口，他們對著店內大喊著：「他在哪裡？我們看見他跑進來了！」

儘管商人大聲抗議，但敵方軍隊一點也不理睬他。

爲了找到將軍，他們幾乎快把店拆了，不時將劍刺入毛皮內，不過仍然沒有發現，找了大半天始終一無所獲，最終只得放棄離開。

過一會兒，將軍的貼身侍衛來到門口打探，將軍這才從毛皮堆中爬出來。

毛皮商人上前扶起將軍，忍不住問他：「將軍，對不起，我想問您一個問題，躲在毛皮下，知道下一秒鐘可能是最後一刻的感覺如何？」

但將軍聽見毛皮商人這麼問，卻大動肝火：「你竟然敢對將軍問這樣的問題？來人啊！把這不知輕重的人帶出去，矇住他的眼睛，我要親自處決他！」

可憐毛皮商人莫名其妙地被判罪，萬萬沒想到將軍居然恩將仇報。商人被帶上刑場，矇住雙眼，雖看不見任何東西，仍然可以聽見聲音。像是士兵準備步槍的聲音，或是在冷風中沙沙作響的衣服擺動聲。

商人的雙腳不由自主地顫抖了起來，忽然，將軍清了清喉嚨，慢慢地喊著：「預備……瞄準！」

就在這一刻，商人身子忽然不再顫動，因爲他知道，一切無關痛癢的感傷都將永遠離他而去，悲痛至極的淚水流到下巴時，他心中硬是哽了一股難以形容的感覺，那感覺像是想從他身上各個毛細孔奔瀉而出。

商人此刻極想吶喊，卻喊叫不出聲。只是，將軍一聲令下後，一直聽不見槍聲，四下竟是一片闃靜。

「磕磕磕……」將軍沉重的腳步聲接近他身邊，腳步聲停止時，他的眼罩也被解了下來，陽光令他一時睜不開雙眼，不過卻隱約看見將軍溫和的雙眼正深深地看著他。

將軍拍了拍他的肩，輕聲問道：「現在，你知道了吧！」

對同樣親臨生死關頭的商人與將軍來說，或者這個經歷讓他們知道，眞正面臨死亡的時候，生亦如死，死亦如生吧！畢竟，在這樣的時候，再多的恐懼也無用，再多的掙扎不過是讓自己在最後一刻徒添一份怨憤驚恐，想通之後自然恐懼不再，顫抖不再。

爲了讓商人能感同身受，聰明的將軍用計讓商人遭遇相同經驗，當然也隱約帶出故事旨意：「生命有許多體驗的機會，與其分享和想像別人的經驗，不如自己好好用心感受！」

故事中的生和死當然不是重點，感同身受也是老生常談，這裡將軍要談的，其實可以總歸成「自己」兩個字。無論如何，別人經驗再多，總不及自己的親身體會；聆聽他人的生命感動，始終引不起眞正的心跳感動啊！

任何景況，始終要靠自己行走，更要靠著自己好好去感受。認眞地記憶當時踏實落下的每一個腳步，然後我們便能學會「好好珍惜」。

不想被否定，就要堅持心中認定

在心中只要認定眼前事物是無價，就該堅持這份認定，只要我們認真執著，就沒有人能否定我們寫下的標價！

你發現自己的意見經常被否定嗎？或者每當人們分享、討論的時候，你的想法經常被忽略呢？

若答案是肯定的，先別急於怨怪別人，而是要先反省自己，在表達心中想法時，是否聲音微弱？爭取表現時，心中是不是缺乏自信？

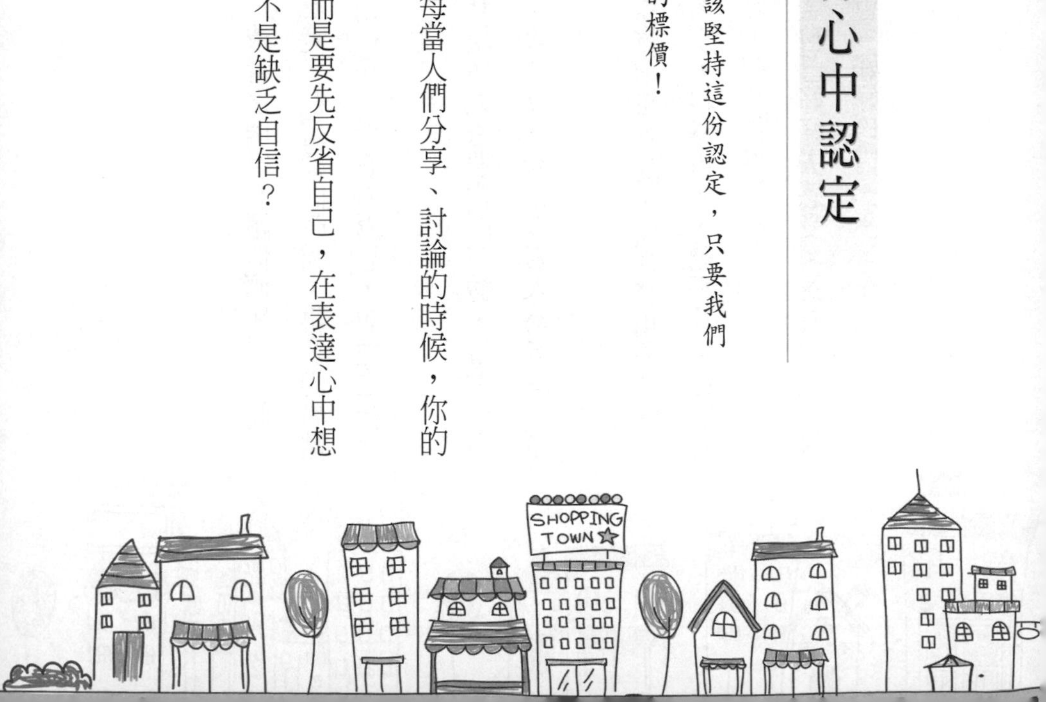

有位商人匆匆趕往香港，因爲今天將有一場藝術品拍賣會，其中有一幅商人最感興趣的畫是某位大師的作品，雖然他手上已有三十多幅這位大師的畫作，但是他仍然要買。

原因倒不是他想一人獨佔，其中實在有不得已的苦衷。原來，他聽說這張作品是大師早期的畫作，而且是作品中最差的一幅，但還是有人把它拿出來拍賣，起價才十萬港幣。

商人一聽見這個低價，氣得跳腳：「什麼！如果眞的以十萬賣出，那我手上這些作品豈不全都要貶值了？如此一來，那些花近百萬元買畫的收藏家肯定要來找我算帳了。」

商人只得急忙趕往拍賣會場，而且他不只自己去，還帶了一個好朋友。當大師畫作被抬出來時，起價果然只有十萬。

商人先帶頭喊：「十一萬！」

這時另一個人也喊出聲，那個人正是商人的朋友：「十三萬！」

「十五萬！」

「二十萬！」

就這樣，這兩個人一路競價，價格越喊越高，會場內的人們開始出現騷動，他們紛紛轉動頭，搜尋這兩個大買家長什麼模樣。

場內不少人議論著：「想必是專收大師作品的人！」

「眞是誰也不讓誰，不過他們似乎有點意氣之爭！」

「眞是便宜了那個賣畫的人！他大概做夢也沒料想這張爛畫居然還能夠賣到四十萬的價碼！」

一槌定音，結果自然是商人得手，抱回那張畫後，過沒幾天，這畫便掛在商人的畫廊上了。

「您看看，這張作品畫得那麼馬虎，在拍賣場上居然喊到四十萬。」商人指著那幅不得已收購的畫作，對著進門的顧客說。

接著，他又笑嘻嘻地說：「您再看看，旁邊這些可是我珍藏多年的大師眞跡啊！這麼好的精品才賣九十萬！」

「眞的？這樣的東西也要四十萬？」客人懷疑地問道。

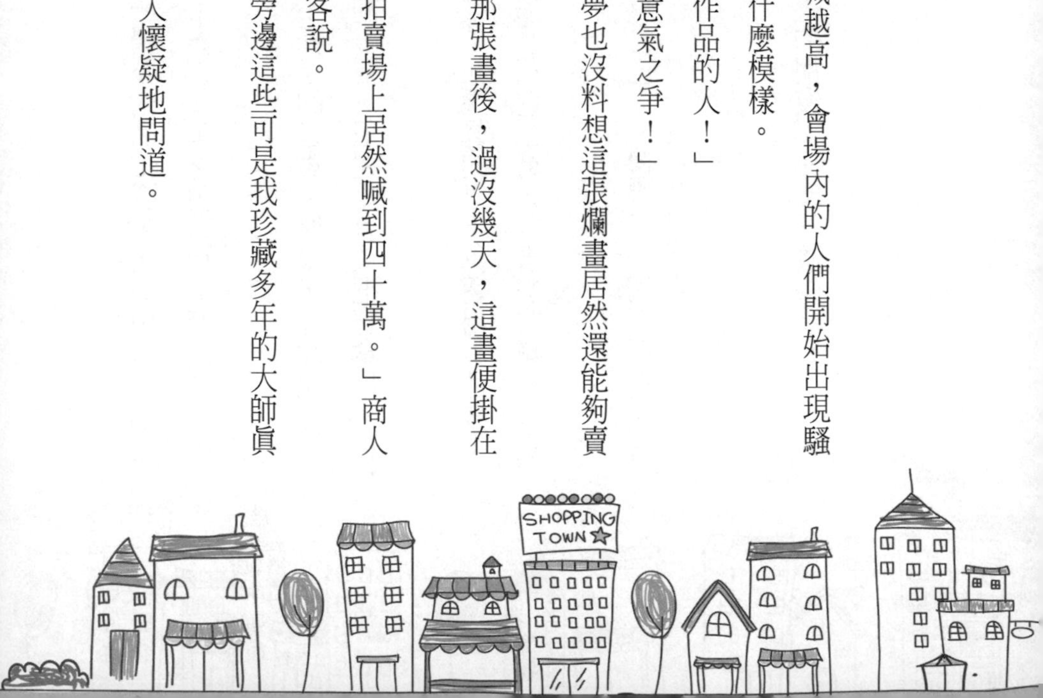

「不相信的話，我拿收據給您看！」商人說。

「不用了，合作這麼久了，怎麼不相信你，今天我再買五張精品吧！」收藏顧客把支票交給了商人。

而那張爛畫呢？

商人怎麼會吃虧？後來他以四十五萬元賣給了一位外國客人，人們對此事提出質疑時，商人可理直氣壯了：「拍賣場上都要四十萬了，再脫手當然至少要四十五萬！」

這是商場上的遊戲，是只問成功，不問正當與否的遊戲慣性。就權衡利益來說，商人的憂慮的確有其必要，但就事物的價值來說，我們不免要說畫商實在多慮了。藝術作品原本就有不同的品評標準，用愛情的觀點來說，簡單一句「情人眼裡出西施」，就可以讓我們輕易地調高或調降作品的定價。

故事中，大師的後期之作似乎因為更成熟，而更具收藏價值，但這始終是世俗之見，誰說成熟作品就一定最好，若隱著匠氣與迎合世俗需要，真能品味藝術的人應該不會喜歡吧！

相對的，早期的樸拙之作，是否真的馬虎，則是見仁見智。若能看見其中純粹創作熱情的人，或者正竊喜於僅僅四十五萬的價格呀！

聊到這裡，你是否也讀出了故事的弦外之音？

是的，不要以外在表現來評斷事物的價值，更不要被世俗認定所左右，在心中只要認定眼前事物是無價的，就該堅持這份認定，只要我們認真執著，就沒有人能否定我們寫下的標價！

放下痛苦，才能找回幸福

無論怎麼辛苦難過，仍要靠著自己力量學會放下，重新振作，重新尋找出口，才能找出真正願意相伴一輩子的真命情人。

報復心起，真正痛苦的人豈是對方？

試想，當你怒不可抑地咒罵某些人時，真正陷在痛苦與悲憤情緒中的人，難道不是自己嗎？

恨人容易，但愛人也不難。轉念一想，既然沒有緣分，不如放手分開，與其兩個人痛苦糾纏，困陷於不必要的報復怨恨中，不如還給彼此一個自由呼吸的空間，重返生活原有的快樂自在。

阿雅禮品店開幕這天，來了一位二十初頭男子，瘦瘦的臉頰上目光冰冷，只見他在店內四處走動、搜索，最後眼光落在一只綠色玻璃的蛤蟆身上。

阿雅第一次看見有人這麼喜歡蛤蟆，不禁對他另眼看待，走來問他：「喜歡的話，我拿出來給你看一看。」

男子揮了揮用，說：「不用看了，多少錢？」

「二千塊。」阿雅說。

聽完，男子立即把錢掏出來，爽快地把錢付了，這舉動又讓阿雅大吃一驚。不過來者是客，只要客人喜歡就好，這時男子拿起蛤蟆，然後瞇起眼睛慢慢欣賞著，臉上卻不時地抽動一下，然後見到他忽然冷笑一聲，喃喃道：「蛤蟆想吃天鵝肉，哼！做夢！」

「要結婚禮物？他們會喜歡這個吧！哈哈哈……」

男子自言自語著，一字一句全進了阿雅的耳裡。她萬萬沒料到自家的禮品

竟成了傷人武器，轉念一想，對著男子說：「先生，既然是結婚禮物，就該好好地包裝一下。」

說完，她彎腰尋找櫃子內的包裝用品，但旋即又立起身說：「對不起，包裝盒已經用完了。」

「不行，明天一早我就要用了。」男子著急地說。

阿雅連忙說：「這樣好了，我現在馬上去找包裝材料，您先到別處走走，二十分鐘之後再來拿，保證讓您滿意。」

二十分鐘後，男子依約前來，這份禮物包裝得極精美，很難讓人聯想到裡面裝的東西。婚禮的第二天晚上，男子接到舊情人打來的電話，但讓他驚訝的是，這久違的聲音一丁點憤怒也沒有，卻是滿滿的溫柔感謝聲：「謝謝你參加我們的婚禮，特別是你送來的那份禮物，眞讓我們愛不釋手……」

「愛不釋手？」

男子心頭一團混亂，因爲前天只是一時的氣憤與仇恨，才做出如此衝動的事，到昨天卻一改憤恨，對自己失去理智的行爲感到後悔，此刻竟聽見一聲感

謝，過去的一切恨意便都放下，誠心祝賀舊情人。

另一方面，男子也覺得有些疑惑不解。他徹夜未眠，一大早就來到禮品店，一眼便看見那只蛤蟆居然正坐在櫃台上，這一刻他也明白了，走到阿雅面前，並深深地鞠了躬。

當他抬起頭時淚流滿面，哽咽地說道：「謝謝妳，謝謝妳阻止了我！」

阿雅拿出另一個禮品，笑著說：「這才是你送去的眞正禮物。」

那是一組相親相愛的水晶情侶，此時，陽光正照在這對情侶身上，七彩光束自水晶身上反射，十分美麗，男子看了也忍不住說：「眞美，謝謝妳！可是這應該比較貴吧！我……」

阿雅笑著說：「沒關係，若眞要談論價值，其中當然是有差別的，不過它若能了卻一段恩恩怨怨，也算物有所值了。想報答，等你將來遇到眞正屬於你的愛情時，再來我店裡多買些禮物送她就對了！」

非常溫暖的一則小故事，因爲阿雅的細心，輕輕化解了一段糾結複雜的感情，只是人生難得這樣聰慧的貴人，一切生活俗事仍然得靠自己解開。

從醜蛤蟆和水晶情侶身上省思，面對感情，我們確實要抱著更寬廣的心，才能找到眞正屬於自己的戀愛對象和一生的伴！同樣的道理，遇上任何難題，即使眞深陷黑暗中，也要時時保持陽光正面的態度，然後才能在黑暗中看見陽光的指引，找到出口。

七彩光束其實一直都在，只是我們常被埋怨、仇恨困陷，因而看不見生活的光明面。生活是這樣，感情更是如此。既然情人想離開，何不大方放手？不對就是不對，就別再勉強應對。

這和人生可能經歷的挫折一樣，會有一陣痛苦時期。但無論怎麼辛苦難過，仍要靠著自己力量學會放下，重新振作，重新尋找出口，才能找出眞正願意與自己相伴一輩子的眞命情人。

掌握機會，就不會後悔

每一個人的一生都是屬於自己的，生活更是在我們的掌握之中。
要擁抱黑暗或光明，決定權一直都在我們手上。

爲何非要重現已逝的昨天，讓自己的心中滿是追悔和罣礙，人生最重要的不是過好現在的每一天嗎？

時間巨輪從不倒轉，所以追憶過去不是爲了尋找安慰，而是要用以對照，對照今天是否過得比昨天更好，又是否生活得比昨天更有活力！

新年開始的第一夜，當多數人都沉浸在喜悅的氣氛中，唯見一位老人家獨立在窗前，臉上掛滿悲傷神情，先仰著頭遙望天空，跟著又低下了頭看看窗外景色。忽然，他嘆了口氣：「唉，就不遠了！」

六十年過去了，老人想起了人生中的失望與懊悔時，也努力地想要回憶一些快樂時光，但是他卻怎麼也想不起一丁點愉快的記憶。一身疲憊和混沌腦袋，在這臨近人生盡頭的時候，竟越發覺得生活的困與悶。

想起年輕的時候，想起父親的指引，當時年少輕狂，一條灑滿陽光的積極道路與另一條通往無底深淵的道路，同時出現搶奪他的心，最終他選擇了那條虛假夢幻的路，一直到今天。

仰望著天，老人忽然失聲喊道：「我的青春快回來啊！我的父親呢？請您出來拉我一把，我想重新開始，我會選擇您指導的那條道路！」

只是無論他怎麼呼叫都沒有用，父親和那段黃金時代都已一去不復返啊！

忽然，天空中劃過一道星束，那是否代表著什麼樣的象徵意義？

老人的心忽然一頓，那顆隕落的星，像似一枝利箭射穿了他的心，這會兒

他記起了同年夥伴的幸福與勤奮充實的笑容，想起在這樣的新年的夜晚，他們歡聚時臉上充滿的踏實與快樂。

「噹！噹！噹！」

教堂的鐘聲響起，此刻，他回想起雙親的疼愛與教誨，只覺一陣心酸，忽然強烈的羞愧和悲傷使他低下頭，不敢抬頭仰望天，因爲他深怕多看一眼就會看見居留天堂的父親。

「回來呀，我的青春！回來啊！」老人絕望地叫喊著，隨之眼淚狂墜。

「啊！」

他忽然又驚叫了一聲，然而這一聲驚叫後，他的青春竟眞的回來了！

很好奇怎麼一回事吧？是呀，原來是南柯一夢，在這守歲新年時分不小心打了盹做了一個夢。

所幸只是南柯一夢，仍能有夢醒時分的機會，還能好好把握青春時光，但

是這樣的夢境卻不是人人能得，更不是人人都能從中領悟啓發，你看身邊多少人不是不斷沉溺於夢中生活，直到人生終點才驚醒悔悟的？

如果你同樣處於青春洋溢的時候，不妨再讀一次故事中的夢境，然後靜靜省思自己未來的選擇。

雖然沒人能給你一個絕對正確的方向，但你一定知道自己想走的路。只要能有片刻安靜思考，也認眞傾聽心底的聲音，定會分辨得出哪條路是偏斜的，或哪條路充滿可怕的陷阱。

每一個人的一生都是屬於自己的，生活更是在我們的掌握之中。要擁抱黑暗或光明，決定權一直都在我們手上。就像故事中的男主人，青春永遠不會喚不回，只要不掉入絕望，隨時振作邁步，即使已至尾聲，我們一樣能綻放青春才有的生命活力。

不要太依賴朋友的關懷

沒有人有義務要為我們負責些什麼，從朋友身上我們真正需要的是支持力量，而不是一雙可讓我們包辦解決任何問題的手。

常覺得身邊缺乏真心朋友的人，或許也該想想，面對朋友，自己是否總有許多期待或是太過依賴，以致在不知不覺中成了朋友的重擔？

如果你真的需要朋友，就應該明白，再親密的朋友也需要各自獨立的空間，再貼心的知交也要懂得尊重彼此獨立思考的獨特性，並非意見一致才算是好兄弟，更不是意見相左就代表情感已淡。

小袁緊握著拳頭，氣憤地說：「哼！我眞是個蠢蛋，居然一錯再錯！」

小袁指的是她和王小莉之間的互動。一直以來，只要王小莉勸她做什麼，她都會乖乖地配合執行，但這次聽了王小莉的意見之後，卻讓她深感不悅。

事情是這樣的：小袁家的床鋪是分上下鋪，小袁睡的是下鋪，這木板材質的床只要稍有晃動，上鋪的灰塵便會不時地落到她的床上或臉上，當她向小莉提及時，小莉對她說：「那還不簡單！買塊布把它包起來不就好了。」

小袁也覺得這是個好辦法，於是立即邀小莉一塊到布莊挑選。到了布莊，左挑右選，小袁喜歡的花色小莉都嫌醜，最後，小袁買回家的布卻不是她喜歡的，而是小莉喜歡的花色。

「王小莉說它看起來會很溫馨，有嗎？我怎麼看都討厭！王小莉眞討厭，老是要我做這個做那個，算什麼朋友嘛！」小袁躺在床上，看著上方「礙眼」的花布，憤憤地說。

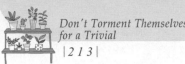

或許只是件小事，但現在小袁卻因爲這個小事源源不絕地想起以前的「大小事」，想起她事事遵照小莉意見時的窘況，覺得自己的意志似乎從來都聽不見自己的聲音，什麼事都是王小莉在操控與擺弄。

好比有一回小莉說小袁太胖，勸她要減肥，小袁乖乖地聽了好姐妹的話，買了一堆減肥食品，最終卻搞得自己一身病痛等等。

凡事總有些端倪，才會進而引伸後續發展。只是問題關鍵始終出在小袁身上，眞能解開問題的人，還是得靠小袁自己！

還好小袁終於想通了這一點。那天，她和王小莉一同逛街時，當王小莉再次否定她的選擇時，小袁始終堅持到最後。她十分開心地和其他朋友分享：「老實說，我差點又被她說服了，不過，我後來還是買了我喜歡的東西，你們都不知道，小莉當時的臉色有多難看呢！」

這是小袁的「不想依賴」，反之，有些人卻是「十分依賴」。

李太太是位年輕主婦，十分依賴別人的指示與指導，別人若不能給她動作指令，她便會不知所措。例如垃圾處理機出毛病時，她立即會打電話問好朋

友；就連雜誌訂購期滿，她也要打電話詢問朋友是否還要繼續訂購。甚至，連晚飯也要問朋友：「蕾蕾啊！妳覺得我今天晚上煮什麼好呢？」

蕾蕾是她相當倚重的好朋友之一，只是再有耐心的人也難免有不耐的時候。就像是這天李太太的兒子弄破了袖口，必須縫補，這時李太太又打電話問問題。然而，此時已是深夜時分，蕾蕾今天又非常疲倦，聽完李太太的問題，蕾蕾嘆了口氣說：「天哪！看在上帝的份上！您就不能自己想想辦法嗎？就這麼一次！」說完，蕾蕾便掛斷電話。

李太太完全沒想到她會拒絕，只見她在電話的那端十分困惑地想：「我還以爲蕾蕾是我的好朋友呢！」

無論是李太太還是小袁，他們的問題都出在於「不認識自己」。就事理上來說，似乎聽或不聽是重點，但事實上，他們真正需要的往往不是答案，而是「朋友的關懷」！

在你看來，蕾蕾到底是不是李太太的知心朋友呢？又對小袁來說，小莉之於她眞是個麻煩又愛給意見的姐妹淘嗎？

說穿了，她們都很需要朋友，但卻忽略了朋友的定義，忘了應該給予的尊重和體貼對待。一如小袁忘了自己的依賴，忘了自己的習慣迎合，卻偏怪小莉好指使表現；相同的，李太太只想到自己，認定別人理應配合，卻忘了體諒蕾蕾的生活喜作息與自主空間。

換個角度思考，沒有人有義務要爲我們負責些什麼，更沒有責任要爲我們做些什麼。從朋友身上，我們眞正需要的是支持力量，而不是一雙可讓我們包辦解決任何問題的手。我們都應該明白，面對自己的問題，朋友們再多的意見和方法只是個參考。最終要怎麼前進、怎麼解決，始終要靠我們自己決定並思考辦法。

事實上，沒有人眞的喜歡被控制。多數人願意配合接納，那是一份尊重和信任所致。若事情未如預期，他們也不會怨怪對方，而是會認清是自己的過錯，就如同小袁的情況，責怪朋友的意見太多時，實在應該想一想，若非自己依賴成性，又怎麼會發生這樣的結果？

找出心中最重要的事物

人生有許多更珍貴的東西，生活不該只為了追求財富而已。生命轉瞬不見，不要總在生死關頭才懊悔未曾把握的一切。

生活之中，對於不需要的東西你是否經常不捨得放棄，反而對真正該把握的事物經常說丟就丟？

簡單來說，每個人心中都有一個價值標準，然而這份價目表卻不是人人都能標出一個好價目。感到疑惑嗎？再聽聽這個評價標準：「所有早在身邊的東西，常超出你心中的價值，而那些與人爭搶得來的身外事物，常在關鍵時候變得一文不值。」

商人和兒子一同出海遠行，他們隨身帶上一只裝滿珠寶的箱子，準備在旅途中賣掉，這件事當然只有他們知道。

但是，這天商人無意中聽見水手們的對話，才發現原來水手早已發現他們的珠寶，還策劃要怎麼謀害他們父子，好掠奪那箱珠寶。

商人聽到之後十分害怕，但只見他故作鎮定，回到房間，試圖找出擺脫困境的辦法。敏感的兒子看見父親神色有異，便問他出了什麼事情，商人這才把事情全告訴了他。

年輕人驚慌道：「這怎麼辦！不如和他們拼了！」

「他們人多勢衆，我們拼不過他們。」商人說。

「難道眞要把珠寶交給他們？」兒子問。

「也不行，他們最終會殺人滅口。」商人說。

商人父子倆在屋裡想了半天，終於有了良策。隨即商人突然怒氣沖沖地衝

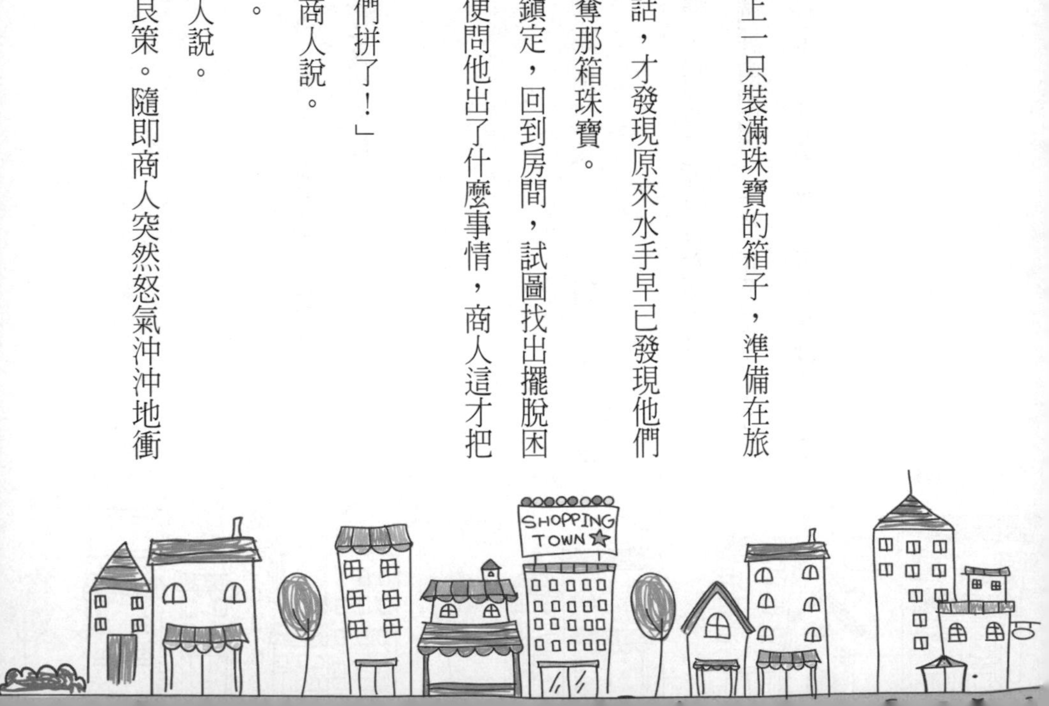

上甲板，對著兒子大吼：「你這個蠢蛋！爲什麼你就是不聽我的忠告？」

「死老頭！你說的都是屁話，我不要聽！」兒子非常大聲地回應著。

這父子倆的行動立即引來水手們的注意，本來他們還興災樂禍等著看好戲，但一轉眼卻一個個都傻眼！

因爲，商人居然把他那箱珠寶拖了出來，跟著叫喊著：「忘恩負義的東西，我寧願死於窮困，也不要讓你繼承我的財產。」

說著，他打開珠寶箱，將珠寶統統投入大海中。

眼前的情況，所有人都呆住了，一會兒之後，父子倆直盯著那只箱子，跟著倒在箱子邊，爲那失去的東西哀弔，大哭了一頓。

回到屋裡，父親嘆了口氣：「眞是沒有別的辦法啊！我們只能這樣做！」

「父親，這的確是最好的方法啊！」兒子安慰著父親說。

船終於靠岸了，一上岸，商人便和他的兒子急忙來到法官那裡，指控企圖犯下謀殺罪的海盜，法官了解情況後，立即逮捕了那些水手。

事後，法官頗有感慨地說：「一個人在什麼樣的情況下願意捨棄一切財富

呢？原來，只有當他的生命遇到危險時，才會這樣做的！」

非常時候的確要有非常之舉，稍有遲疑，恐怕失去的不只是一箱財寶而已。這點商人父子自然十分清楚，所以他們不得不捨棄辛苦賺得的錢財，好保住自己的性命，畢竟錢財再賺可得，可是性命一旦失去便不再復得。

再深省之，爲求生而放棄錢財的動作，不也告訴我們，人生有許多更珍貴的東西，生活也不該只爲了追求財富而已。生命轉瞬不見，不要總在生死關頭才懊悔未曾把握的一切啊！

爲了生活，我們終究得謀生賺取財富，但是別忘了，一切取捨的權力仍掌握在自己手中。生活中時時刻刻都可預留些時間，讓我們去做該做的事，所以沒有人可以有不能圓夢的藉口，即使只有短短的幾分鐘也一樣可以行動，就算只跨一步也已經有了開始，不是嗎？

7.

PART

跨出第一步，才能步向成功之路

「千里之行始於足下。」
開始時總是孤單乏味的，
但我們仍要一步步踏實無虛的走到目標，
這樣的成功才真實。

不肯放手，就不會豐收

要想得人信任，首先必要有適度的付出，不能過度執著不肯放手。不要擔心「失去」，在得到信任之後，必能收穫更多。

常把「結果」擺在第一位的人，多數難以得到預期中的結果。因爲，他們一付出，便想著應得的結果，然而世事總難符合心中期望，一旦出現落差，他們的活力便會漸漸低落。

其實，不論是經商或處世，別老是計算著人們怎麼回饋，更別處心積慮地算計要怎麼回收報酬，聰明人都應該知道，「先付出再談收穫」不是老生常談，而是支持人們走向成功之門的重要依靠。

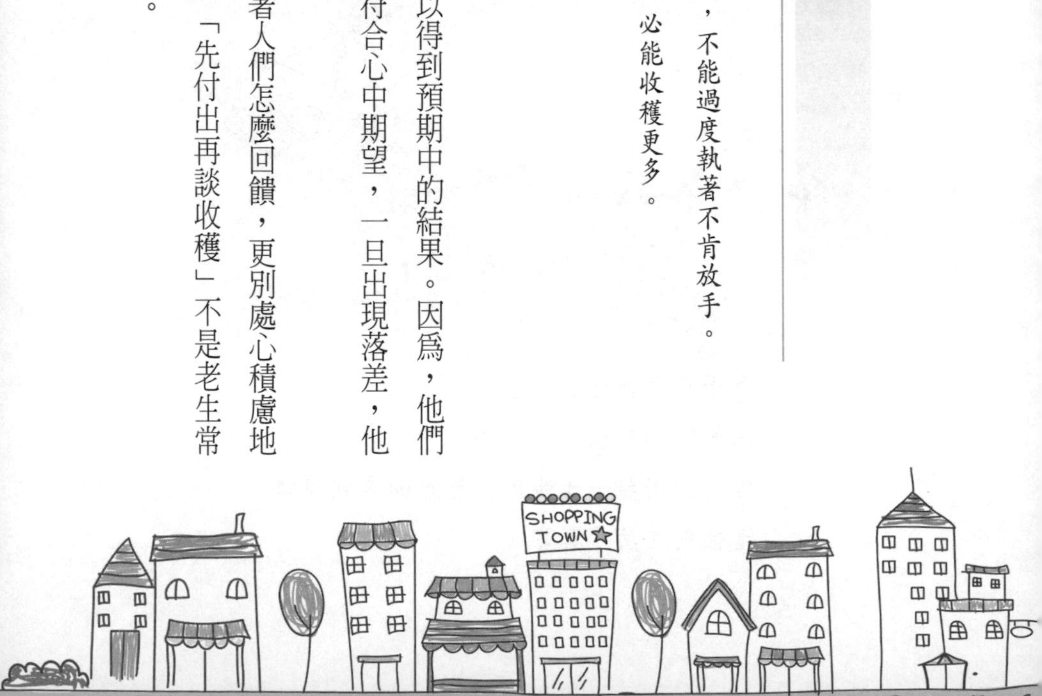

「爲了陶冶國人性情，更爲了減少社會戾氣，從明天起我將免費教琴三個月，不過有一樣入學資格，這個優惠只限初學者。來學琴的人不必備琴，一切由我免費提供。」剛回國的小提琴家雷洋正在召開記者會，並宣布這個訊息。

「什麼！小提琴家要免費教學？」

「這麼好？當然要去報名囉！」

這個消息一公佈，雷洋的音樂教室便湧進了好千人，一個個都要報名參加，由於人實在太多了，最後他只好限十五班，每班限四十個人，至於那些沒有編進小提琴班的人，雷洋答應：「你們可以先塡寫好資料，下一次我們會先通知你們來上課！」

學生這麼多，要一起上課實在是件很麻煩的事，雖然雷洋準備了四十把小提琴，但是因爲每班學生都要用，每星期又只能在課堂裡練習兩個小時，對想學小提琴的有心人而言，練習時間實在太少了。

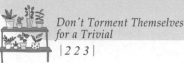

最重要的是，每個人又都是初學者，再加上公用一張琴，很快地就出毛病，因此每次上課前的調音動作，就浪費他們不少時間，更別提縮短多少眞正學琴練琴的時間。

三個月很快便結束了，學生們一個個都依依不捨地離開，這天不少人送了蛋糕、鮮花和各式紀念品等來表示感謝。

當然，學琴的人都知道，三個月的時間實在太短。眞有心要學音樂的人不會就這麼停止，不少人紛紛繳了學費進入沒有優惠的中級班，有些人則買了一本又一本的樂譜回家自己去練習。

那樂器呢？當然不能把公用的琴帶回家練習，大多數的人早在學琴的第一個月時，便到老師指定的樂器行買琴了，雖然這裡的價錢比別的地方貴一點，但從未有人提出質疑。

他們幾乎都這麼說：「太貴？怎麼可能，老師連學費都不收了，不可能從這兒抽回扣啦！你們不知道嗎？這裡可是老師的親友開的店，比較貴的原因是因爲品質好啊！」

學生們相信就好。爾後雷洋名揚遠播，且在幾年後買了豪華住宅，裡面掛滿了各界的褒揚和感謝狀，後來雖然免費課程結束了，他的學生仍然人滿爲患。

故事說到這兒，不知道引出你哪些想法？還是懷疑故事應該不會只是這樣就結束了？簡單地說，這便是有「失」才有「得」的結果。即便雷洋眞有心，也知道要先顧好自己的肚皮，全力付出之餘，不也有所設限，限初學者人數，也限樂器供給量？

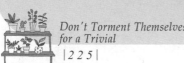

爲了帶動人們學習音樂的熱情，他轉了個彎來吸引人們的目光。「免費教學」的宣傳發揮了極大的作用，這樣的行銷技巧十分高明，不以資歷名聲服眾，反是以平易近人的姿態吸引人心。謙卑低頭的姿態，的確更容易親近每一顆愛樂人的心。

於是，學費貴一點，樂器貴一些，人們依然心甘情願地支持購買，那不僅僅是因爲對雷洋的感謝，更因爲這個「免費學習的機會」，讓雷洋取得了人們

的「信任」，不管別人怎麼否定，也動搖不了學習者對雷洋的相信。

希望獲得成功的人，從雷洋身上是否得到了啟發呢？

「信任」是處世之道的通用法則，不管是待人接物或是經商從政，只要關乎人際互動的所有事，少了「信任」，事事都難成，也時時都要遭遇難題。所以，萬事起頭時都要能先穩固他人對我們的信任，只要互信的基本功夫完成，未來無論什麼事情一定都能通暢順心。

要想得別人信任，首先必要有適度的付出，不能過度執著不肯放手。不要擔心「失去」，在得到信任之後，必能收穫更多。

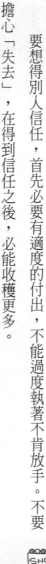

與其善意隱瞞，不如誠實坦白

不管我們怎麼隱瞞，始終隱藏不了心靈的真實感受，不管我們怎麼偽裝，也無法掩飾事實真相。

什麼時候才需要善意的隱瞞？什麼情況才需要善意的謊言？這的確需要用智慧判斷，但在決定一切動作前，我們一定要多想想，隱瞞後是否眞的能成全一個最好的結果。

因爲一旦隱瞞動作一做，多數情況是要用無法計數的謊言來遮掩，然而眞實情況只有一個。別忘了，這個眞相是那樣的紮實難毀，只要謊言過於脆弱，時刻都會被它戳破。

老太婆原本就患有高血壓，這天晚上忽然半身麻痺，老先生急急忙忙送老婆到醫院，經醫師診斷，發現她右腦出血。

醫生誠實地告訴老先生：「對不起，她右腦出血，因爲年紀大了不方便動刀，您可能要有心理準備。」

老先生聽完後沒有再出聲，只是眼角泛起了淚光。

所幸上天垂憐，老婆婆病況竟漸漸好轉，人也醒了。不過，就在入院後第五天，原本時刻守護身邊的老先生卻不見了，老太太疑惑地問看護：「我先生這兩天怎麼都沒來？」

「對不起，我忘記跟您說，老先生說他這兩天有些事要處理，所以要我告訴您好好養病，事情一處理完後，他就會來看您的！」護士答道。

老太太點了點頭，但事實眞是如此？

其實不是的，原來老先生送老太太入院之後，太過焦慮勞累，有一天忽然

心肌梗塞倒下，現在住進了對面的病房。因爲不想讓老伴過度擔心，他請求大家不要告訴她實情。

老人家雖然沒有孩子，但還有個孝順的侄子小平，每天都會帶著兩瓶鮮果汁到醫院探望叔叔和嬸嬸。

過了幾天，老先生病情總算穩定下來，便嚷著要去照顧老伴，經過一番討論後，醫生想出了一個折衷辦法。只見老先生換上了休閒服，坐進輪椅，並由護士推到老太太的病床邊，才蹣跚地站起來，手上拿著侄兒送的果汁，對她說：「買給妳的。」

老太太一看，溫柔地問：「幾天不見，你病了嗎？」

「哪有這回事！只是小平就要結婚了，我最近忙著幫他打點一切。」老先生強裝著笑容說。

那天之後，老先生的病似乎一天天好轉，但沒想到就在準備出院的當天，竟突然惡化，撒手人間。

侄兒來辦理叔叔後事時，想及老嬸嬸的狀況，連忙對護士說：「請暫時先

別告訴我嬸嬸，我怕她受到刺激。」

護士巡房時，老太太忍不住又問：「果汁喝完了，怎麼還不見我先生？」

護士連忙哄她：「難道您忘了嗎？您的侄子還有兩天就要結婚了，老先生現在可正忙著呢！」

第二天早上，護士到外面買了一瓶果汁回來，當老太太醒來時，發現床頭多了一瓶果汁，護士笑著對她說：「老先生剛剛來過，見您睡得沉，不想吵醒您，所以放下果汁就走了。」

當天下午，老太太卻忽然沒了呼吸，走了。

這樣的結局想必讓不少人感到不解，費盡心思安撫隱瞞，怎麼最終卻起不了作用，老太太還是走了呢？

生命之事原本就很難預料。或者我們可以這麼說，人人看似獨立堅強，其實沒有人不想要有個依靠，一旦找到依靠，也相互扶持習慣之後，就不再是孤

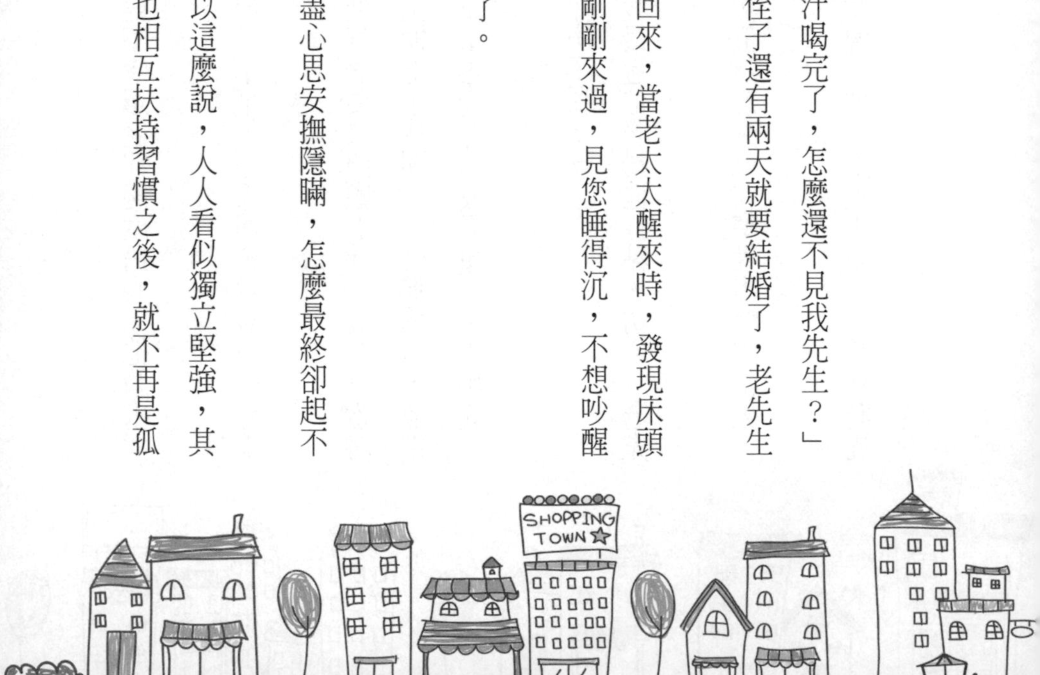

獨的一個人。就像故事中的老先生和老太太，看似心思各不相同，事實上，卻是不必明說自然就能感應得到的啊！

生命中最微妙的情況便在於此，所以不管我們怎麼隱瞞，始終隱藏不了心靈的眞實感受，不管我們怎麼僞裝，也無法掩飾事實眞相。

許多事情越拖越久，反而會讓一切變得越複雜難解，老太太的情況也是如此，明明早該知道的情況，若是能早一些知道，或許她不至於這麼早走，畢竟猜測更傷神。何況是不是老伴準備的果汁，相伴了一輩子，又怎麼會不知道？

感慨故事結局之餘，我們也深刻體悟到，與其努力隱藏，不如坦白告訴對方。也許當老太太知道老伴身體更糟於自己時，反而越能堅強振作，好陪伴老伴一同戰勝病魔。

幸福不在門外，一直在旁等待

仔細觀察圍繞在你身邊的人事物，用開展的笑顏面對一切挑戰，慢慢地，便會從中看見並聞到幸福的味道。

如果你總是習慣拒絕人們心意，人們自然也會配合你的動作把心門關起。換個角度說，幸福雖然時伴左右，但是我們若不能敞開心接納，不能細心感受，即使幸福大聲出現，我們依然無法聽見。

想聽見、看見，便要時時把自己擺放到旁觀者的角度，觀看我們生活周遭的人事物。因爲換個角度觀看時，多數人都會發現，原來世事沒有我們想像中可怕，原來身邊的人物對我們的關懷其實總多過於陷害。

她又收到百合花了，每年生日這天，她都會收到一束百合花，但她卻怎麼查也查不出是誰送的。

找不到送花人，只能胡亂猜想。她幾乎無時無刻都在想像匿名者的身影：「是那個人嗎？還是我曾經幫過什麼人，所以送花表示感謝？」

然而，無論她怎麼猜都猜不著，即便父親也曾與她一同猜想：「會不會是哪個愛慕妳的男人呢？」

「爸，你也知道不可能啊！我都有男朋友了！」女孩羞赧地否定。

仰望著天空，女孩心想：「無論如何，謝謝你，陌生人，感謝你讓我知道有個人關心我！」

猜不著就算了，女孩繼續接收這美麗的百合，繼續享受著這芬芳與溫馨，這讓她真切地感覺到自己的可愛與價值！

女孩在這百合花香中成長，一直到二十二歲那年……

這一年，愛她甚於自己的父親過世了，巧合的是，每年生日這天都會收到的百合花同時在這年中斷。

「眞是巧合嗎？」

女孩忽然激動了起來，難道是父親把愛藏在這一束束的白色百合花中？她回想起，那段與父親一同猜想幸福百合花來源的時候，又回想起沉浸在百合花香中的幸福感動。

「謝謝！」女孩泛著淚光，對著眼前的影中人道謝，一瞬間，她知道製造這幸福的人是誰了！

這天，她一個人回到老家，夜深人靜時分，來到了熟悉的小溪邊，並找了個地方坐下來，仰望天空，忽然，一陣幸福感覺臨近，微風吹過，吹拂得讓她忍不住合上了眼。

「爸！」

女孩忽然醒了過來，因爲朦朧間，她似乎看見父親，正對著她微笑，好像想說些什麼。但當她正準備抱緊他時，卻被自己的喊聲叫醒了！現在，她眞的

醒了，好似心中的疑團全都解開了。

再次仰望天，她又再笑著說：「謝謝！」但這一聲謝謝，卻不再沉重悲傷，而是充滿了輕鬆自在。

高雅的百合是不是也常吸引你的視線？想像著簡單花束捧在手中，心中似乎也跟著溫暖起來。回到故事中，女孩猜想著的「幸福製造者」是誰其實不再重要，重要的是，要學會珍惜每一次收到幸福的時刻，也學會把相同的幸福感受分享給身邊的人。

其實，這份默默關懷的心意，對每個人來說都十分需要。

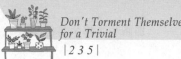

不需要太多的甜蜜言辭，也不需要多麼誇張的大禮或動作，簡簡單單一個諒解微笑，一個擁抱支持，或一朵素雅百合，很多時候就能使人擁有幸福感受，甚至是得到生活的支持力量。

從幸福時光機中醒來，女孩才驚覺幸福製造者原來是自己的父親，其中充

滿的不只是她對父親的感念與懷想，更領悟到，原來每個人的幸福一直都在身邊，然而我們卻老是忽略！

明白了女孩的生活感悟，就別再拿著望遠鏡往遠處搜尋幸福了。真正的幸福從來不會距離我們太遠，它會安靜的在你身旁等待。

仔細觀察圍繞在你身邊的人事物，只要不再皺眉看待，用開展的笑顏面對一切挑戰，無論是喜悅或是悲傷，都是短暫的。

慢慢地，便會從中看見並聞到幸福的味道。

反求諸己，才能看見美麗

做好事，只要一個人加一個人的力量；做壞事，必須一個再少一個壞念頭，才能看見心中盼望的美麗世界！

人跟人之間的互動不是爲了爭執掠奪，更不是爲了比較出誰高誰低，而是爲了牽成一個更適宜人居的美好環境，簡單來說，人和人之間是爲了成就一個幸福的世界而開始產生連結。

所以，正惱怨某個人的你，要不要先放下心頭的怒氣，面對鏡裡的自己，問一句：「這樣憤憤不平的生活氣氛，眞的是我想要的嗎？」或者是給自己一個微笑，然後提醒自己：「與其苦悶一天，不如快樂微笑一天！」

老劉這些日子十分開心，因爲他努力打拼了二十五年，今天終於擁有了一個自己的「家」！

來到新家的第一天晚上，老劉照例在晚餐之後出門散步，但一走出門，便看見家門前的電線桿旁滿是垃圾。

臭氣薰天的垃圾，讓老劉氣得差點中風。

他氣急敗壞地走回家，然後拿了許多東西出來，在電線桿上貼了一張字條，上面寫著：「此處不准丟垃圾！」

第二天晚飯後，老劉照例出門散步，但一走出門，又讓他看見電線桿旁邊，堆滿了一堆又一堆的垃圾，老劉氣呼呼地說：「這家人是瞎了啊！難道沒看見上面的字條嗎？」

然而，當老劉抬頭一看，沒想到卻看見字條上的「不准」兩個字被塗掉了，成了：「此處丟垃圾！」

變成這行字，大家當然更名正言順地丟垃圾啦！

老劉氣得咒罵了一頓，隨即又把字條重新寫過，換成了「凡是在這兒丟垃圾者天打雷劈」！

這行被下了咒的留言，想必可以嚇阻不少人吧！

然而事與願違，隔天早上老劉出門的時候，這張字條又被人改了：「凡是在此丟垃圾者，天打雷，劈不到！」

這麼好的事誰不想參加啊！結果如何，各位看倌可想而知囉！

不過，老劉也不是等閒之人，很快地新的字條又出爐了，上面寫著：「在此丟垃圾者全家死光光。」

這一回似乎見效了，就在老劉得意開心的時候，第三天中午再經過時，沒想到卻看見上頭多了三個字：在此丟垃圾者「才不會」全家死光光。

這下子可惹惱了老劉，他實在忍無可忍了：「好，看我出絕招！」

幾分鐘後，電線桿上貼了一張紅紙，是一張符令，「勒令」二字下畫了一道符，底下還擺了一只小香爐，外加一堆剛燃燒完的紙錢。

這果然是絕招，誰都想避諱吧！於是，老劉很開心地過了「一個星期」！

一個星期？

是的，他開心的時間只有一個禮拜，就在一個星期之後的某一天，電線桿旁又出現垃圾了。

他走近一看，卻見那張紅紙竟然被人換成一個醜八怪的照片，且在照片三邊又貼了三張小字條，左右分別寫著：「風調雨順」、「國泰民安」，至於橫批則是：「諸事大吉」。

老劉一看，翻了翻白眼，差點沒昏了過去！

果真是瘋狂世界怪人怪事多啊！

看著老劉的遭遇，想必讓不少人也心有戚戚焉，但不管是有心較量，還是無情私心，這樣情況確實對互助社會有害而無益。

將心比心，若同樣的事情發生在我們自己身上，應該沒有人能接受家門前

被擺放了大堆垃圾，更沒有人可以忍受人們的不懂尊重吧？

做好事，只要一個人加一個人的力量，就可以成就奇蹟；反之，做壞事，必須一個再少一個壞念頭，我們才能看見心中盼望的美麗世界呀！

生活中，我們也常見到人情冷漠，但無論社會有多現實可怖，別忘了，我們始終是構成社會的一分子，人人都有屬於自己的責任要負。我們尊重個人主義，更要懂得反求諸己。

從老劉的身上再加以反思，如果紙張留言不要一張比一張狠毒，而是多一點溫柔的道德勸說，也許會有不同的結果吧！

肯定自己，終能綻放光芒

只要我們能更努力加值自己，也堅決的肯定自己，終有一天，我們定能讓看似平凡的石頭綻放出奪目的光芒。

幽默作家馬克．吐溫曾語重心長地寫下一段話：「每當人們不尊重我們時，我們總被深深激怒，然而在內心深處，卻沒有一個人十分尊重自己。」

面對自己，只要我們沒有否定自己的念頭，就不會聽見任何否定的聲音，再聽見別人說我們沒用時，請大聲反駁：「你錯了！」

事實上，他們眞的看錯了，因爲每一個生命都是有用的！

簡單舉例，就像早晨的互動開始，若沒有我們，他們又怎麼有機會表現

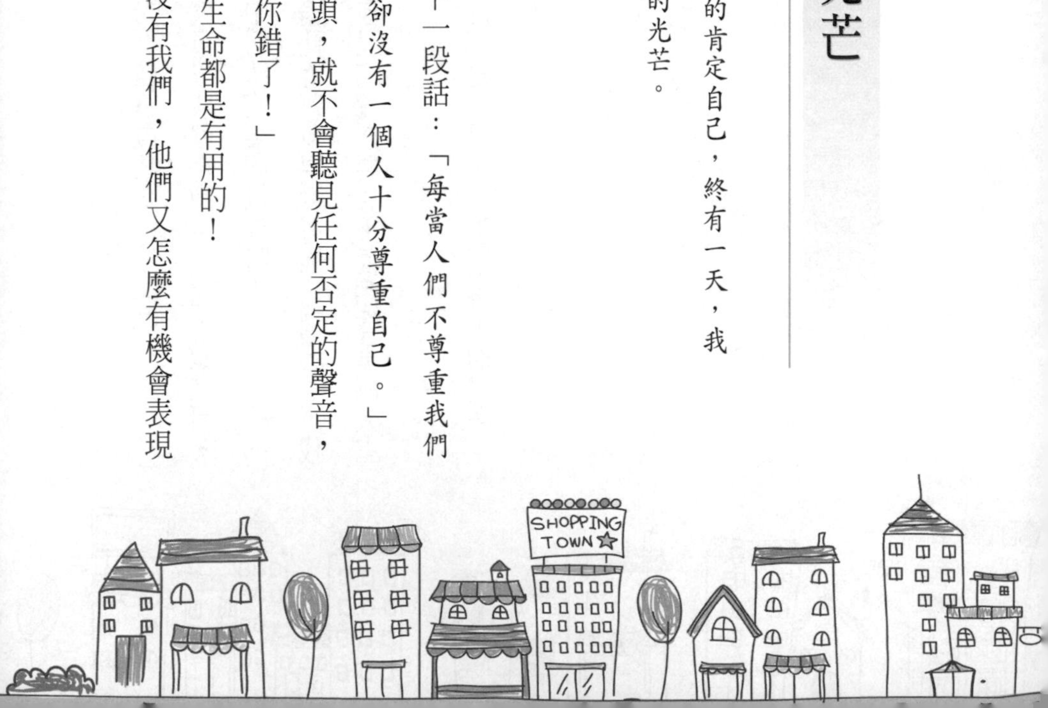

「早安」問候的動作？

阿金總覺得自己是個沒用的人，當大家笑他又蠢又笨時，也總是讓他十分傷心苦惱。這個否定讓他非常痛苦，有天苦得他忍不住向老師傾訴煩惱。

「孩子，對不起，我現在幫不了你，因爲我得先解決自己的問題。」老師滿臉歉意地說。

「喔！」阿金失望的點了點頭。

這時，老師忽然對他說：「等等，要不這樣好了，你先幫我一個忙，等我的問題解決之後，就可以幫你解決問題了。」

阿金聽見後，眼睛爲之一亮，但旋即又暗了下來：「好！但是……唉！能幫您工作是我的榮幸，但不知道我做不做得來。」

「放心，很簡單的！」老師將手上的戒指摘下來給他，然後又補充說：「你把這枚戒指拿到市集裡去幫我賣了，記得這筆錢是要用來還債的，所以你

一定要賣個好價錢，最少不能低於一枚金幣啊！」

阿金點了點頭，便拿著戒指趕往市場。一到市場，他連忙拿出戒指向人們兜售，雖然有不少人上前詢問，但每當阿金說出價格時，大家都笑他：「瘋子！賣那麼貴！」

人們的否定讓阿金十分尷尬爲難，但一想起老師的叮嚀，他立即收回尷尬，向人們堅持這個價錢，直到一位老人家對他說：「孩子，你知道一枚金幣的價值嗎？它可比這樣一枚戒指還要值錢啊！」

聽見老人的解釋，阿金只得回去和老師商量：「對不起，我沒有換到您想要的金幣，如果您不再堅持，我現在可以拿去換幾個銀幣回來。」

「不，阿金！這樣好了，我們先請珠寶商人幫我們估一估這枚戒指的眞正價值。不過，不管他說什麼，你都不能賣喲，記得仍要把戒指拿回來。」最後，老師又叮嚀了一句。

阿金答應後，便急忙到珠寶商那兒，看著商人在燈光下東看西看，最後他竟說：「告訴你的老師，如果他現在想賣，我最多只能給他五十八枚金幣。」

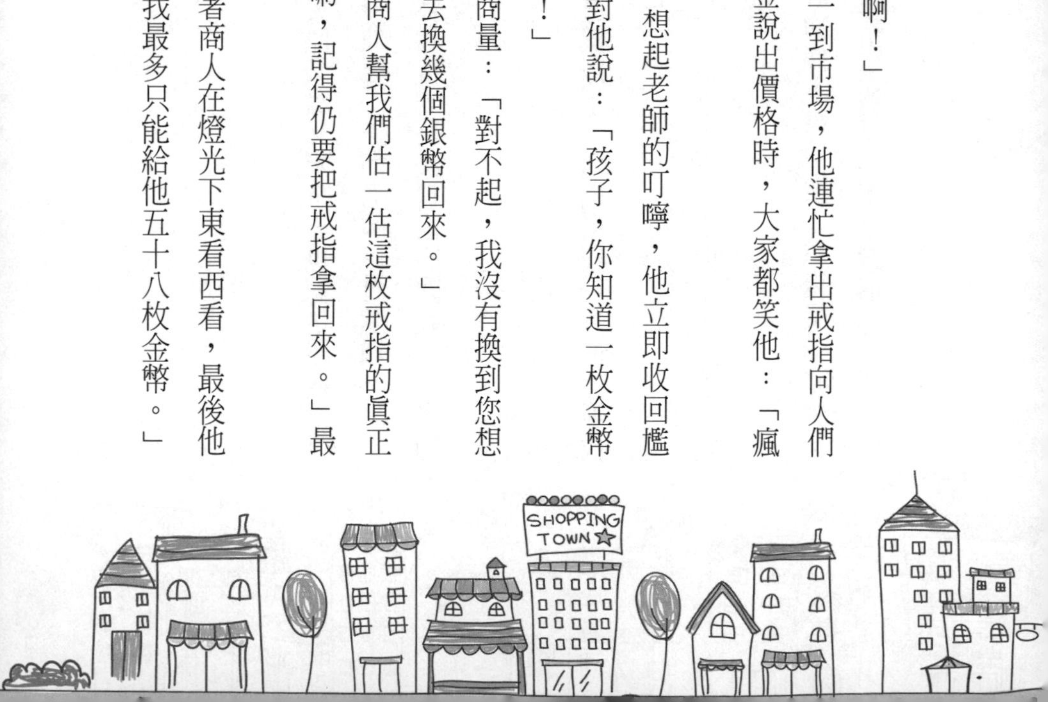

「五十八枚金幣！」阿金瞪大了雙眼，他簡直不敢相信自己的耳朵。

「是的，只有五十八枚！雖然再等等也許還能賣到七十枚金幣，不過若是他急著要賣……」珠寶商話還沒說完，阿金便跑了出去。

他激動地跑回老師家，並將商人說的話一五一十地告訴老師，老師聽完後，笑著說：「孩子，你現在知道了吧！不要輕易地否定它的價值，也不要否定你自己的價值！」

阿金聽見最後一句，明白地點了點頭：「謝謝老師，我知道了！」

一如老師的指導，每個人都像那枚戒指同樣獨一無二，雖然不是人人都能看見我們的價值，但總能等到真正懂得欣賞的行家。好像寶石一樣，在被發現挖掘前，我們是看不見它的光與美，其貌不揚的外表，普通平凡的相貌，任誰都不會注意，也任誰都會予以否定。

但是當機會降臨，當識才的珠寶商人出現，石頭內的珠光想藏也藏不了，

眞金光芒一旦綻放，任誰也無法輕忽略過。

我們要像這枚戒指一樣，只要實力充足，好好珍視自己，不隨便賤銷自己，任誰都不能否定我們的價值。

別理會人們怎麼惡言嘲笑，最重要的是我們怎麼看待自己。只要我們能更努力加值自己，也堅決的肯定自己，終有一天，我們定能讓看似平凡的石頭綻放出奪目的光芒。

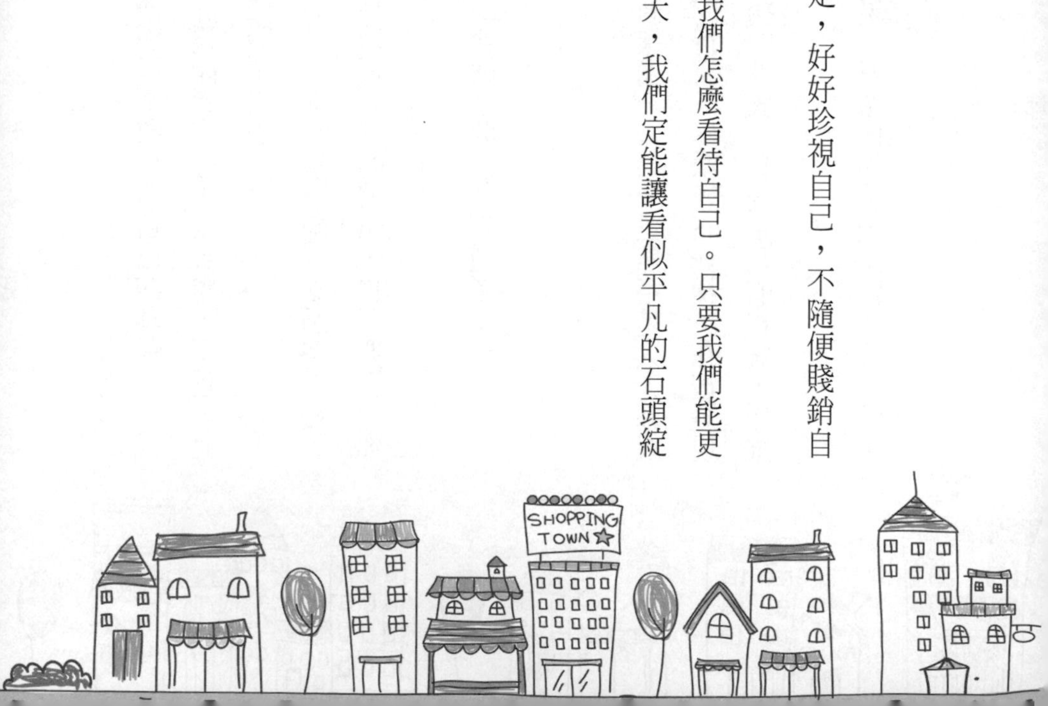

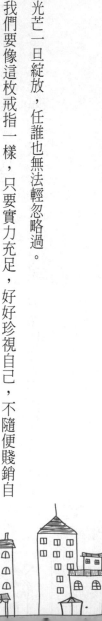

跨出第一步，才能步向成功之路

按捺學習時的不耐情緒，開始時總是孤單之味的，但我們仍要一步步踏實無虛的走到目標，這樣的成功才真實。

好不容易下定決心要跨出第一步，爲何還要苦繃著臉？笑一笑吧！從現在開始，只要我們樂觀面對，歡喜迎接，所有苦頭嚐來都會別有一番甜味，只要我們不再用壞情緒應對，即使跌倒，也會讓生活另有一番趣味和喜悅。

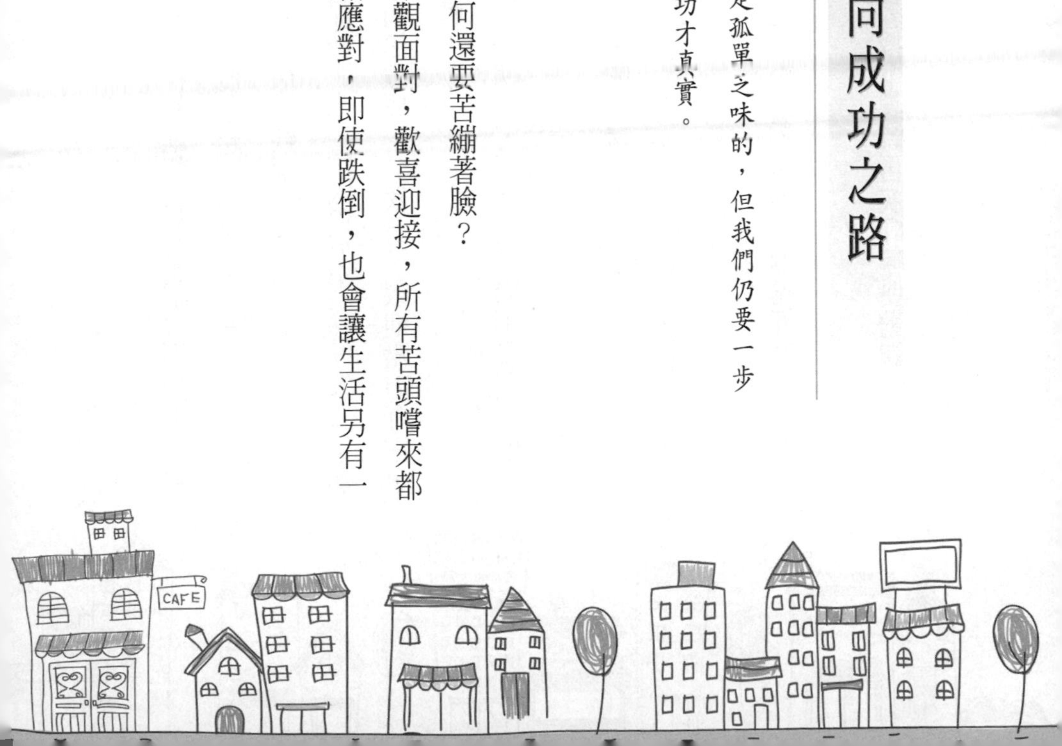

一位音樂系的學生走進練習室，在鋼琴上輕輕地將新的樂譜放到架上，翻閱著樂譜，只見他喃喃自語著：「這好難喔！眞是超高難度……」

這一反覆叨唸，同時也讓他對彈奏鋼琴的信心跌到了谷底。

其實，這個沉重壓力已有三個月的時間了，不是因爲他對鋼琴失去了熱情，而是自從跟了一位新的指導教授後，由於教學十分嚴苛，讓他壓力沉重，常對著朋友說：「這個教授根本是故意想整人！」

就算眞是整人的也沒辦法！他還是得好好練習，不然成績過不了關，他便得提早畢業了。

於是，他勉強打起精神，用這十根手指頭開始奮力作戰！

據說，那位教授是個頗有名氣的音樂家，第一天上課便交給學生一份樂譜：「試試看吧！雖然這曲子有些難度！」

眞如他所說，這首曲子確實很難，學生彈得零零落落，無論練習多少次，依然錯誤百出。

「唉！還不成熟，回去好好練習！」教授下課時再次叮嚀要勤練琴。

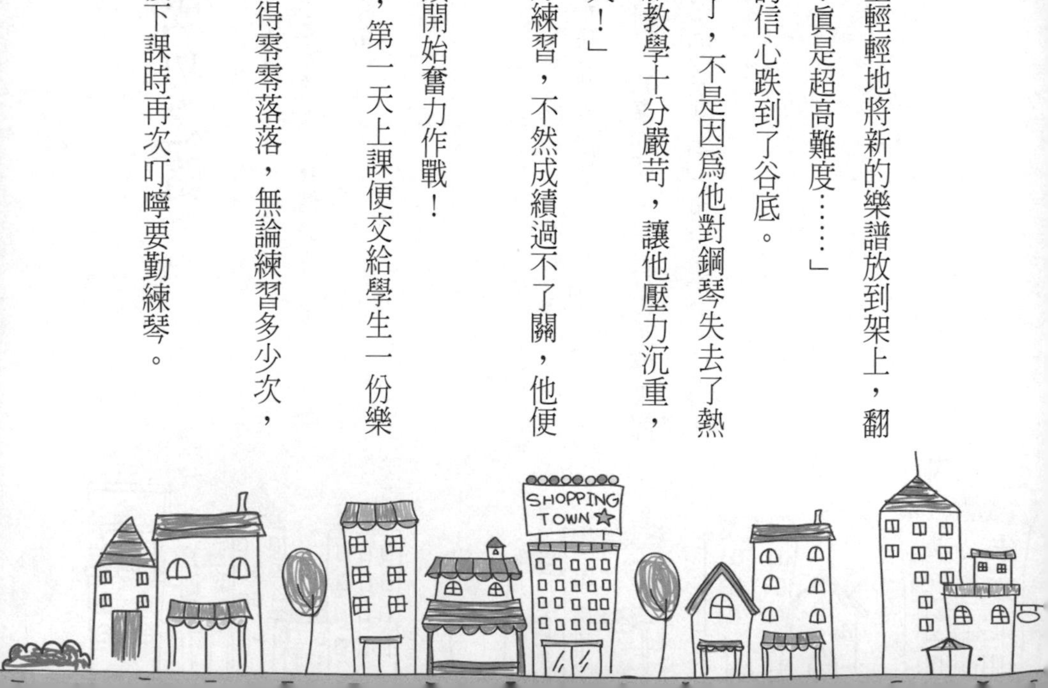

一個星期過去後，他準備請教授驗收時，沒想到教授又給了他一份更高難度的曲子練習：「試試看吧！」

上一份練習曲都還沒給指導意見，眼下又交給他新的功課，這讓他十分不悅，但眼前這人始終是自己挑的指導教授，他根本不敢說個「不」字。

第三週了，教授還是沒給他任何指導，而是再交給他另一份難度更高的樂譜，這教授似乎不知道學生被新的樂譜困擾著，學生越來越覺得沮喪、氣餒，而且氣憤。

直到這天，教授再走進練習室，學生忍不住情緒，向教授提出心中的質疑：「爲什麼只要我練習，卻不教我？」

教授沒多說什麼，抽出最早的那份樂譜，然後告訴他：「先彈給我聽！」

你知道發生什麼事嗎？

是的，奇蹟般的情況發生了，連學生自己都感到萬分驚訝，因爲他居然不自覺地將這首曲子彈奏十分流暢、美妙！

接著，教授又要他試試第二堂課發的樂譜，沒想到他還是演出超出水準的

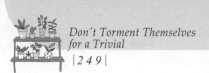

琴技，演奏結束之後，學生呆望著老師，一句話也說不出來。

教授嚴肅地對他說：「如果任由你表現最擅長的部分，那麼你可能還在練習最早的那份樂譜，當然就不會有今天這樣的表現！」

學生激動得點著頭說：「我知道了！」

學過音樂的人都知道，每個音符總要練上幾千幾百次才能把完整曲目流暢演奏。這和人生一樣，沒有先經歷過一些辛苦，便累積不出成功的腳步。雖然看起來貧乏無功，但淬煉過程就好像打造一流刀具般，總要經過單調反覆的千錘百鍊之後才能成就鋒利的好刀啊！

如果你和故事中的學生一樣，對音樂充滿夢想，或是也正準備培養出一流長技，請先按捺學習時的不耐情緒。

人生中的所有事都適用這一句：「千里之行始於足下。」開始時總是孤單乏味的，但我們仍要一步步踏實無虛地走到目標，因爲這樣的成功才眞實，寶

座上的我們也才能坐得穩當。

再回到故事中，看著學生彈演第一份樂譜時的驚喜模樣，相信每個人也明白了教授的用意。

是的，人生一直都是向自己挑戰，除了因能力有限而解不開的問題，不得不求助於他人之外，其實每個人都有本事解開難題，就好像學琴一樣，與其等待苦悶的填鴨教導，不如自己發掘音符的美妙。

只要不再把學習累積的動作視爲例行公事，即便練到手指頭抽筋，我們也會發現，這般顫動的疼痛竟也能有暢快感受。

揚棄盲目奢華，享有簡單幸福

我們不會因為人們怎麼看待而讓地位有所增損，更不會因為少了些什麼，而失去自己的價值。懂得簡單幸福的道理，居住陋巷也有如置身生活時尚圈。

你知道什麼叫卡債族嗎？你知道什麼叫月光族嗎？

兩者意思其實差不多，都是不懂守財更不懂得理財的人。這一類人有一個共通的情況，那便是慾望難止！

後者情況尚屬輕微，頂多花光了荷包裡的銀兩，之後只能悶著情緒，過著拉緊褲帶的生活。但前者就不同了，他們不僅僅讓自己跌入谷底，很多時候還會拖累一大堆人。

阿光用辛苦存下的錢買了第一部車，但左看右看，怎麼也不滿意，於是聽了友人的意見，向銀行借了錢重新裝修這輛車。

爲了面子風光，阿光前前後後借了將近一百萬元，目的卻只爲了讓車子看起來更加帥氣，功能可以像賽車一樣健全。

然而，在他得意地展現自己豪華轎車的背後，卻是另一齣劇情。

「阿寶，你先借我一點錢啦！銀行催得很緊，幫幫我舒口氣，晚一點我一定會還給你的！」阿光低聲拜託好友阿寶。

這時，阿寶嘆口氣說：「喂，你又不是不知道我的情況，我也欠了一屁股債啊！哪裡有錢再借你呢？不如你把車賣了，先把錢還了再說。」

「賣車？你有沒有搞錯，我好不容易整理好這輛車，我借錢也是爲了裝修這輛車，怎麼可以賣了呢？」阿光氣呼呼地說。

阿寶聽了，再嘆了口氣說：「唉，那我也沒辦法了！」

「不借就不借，話繞來繞去，轉那麼多彎幹什麼？」阿光反而不悅地說，怒氣沖沖地離開。

只是籌了老半天，阿光還是籌不出錢來還債。而且因爲他欠的不只是銀行的卡債，也有向地下錢莊借的債務，如不立即處理，恐怕活不過明天！

週轉了老半天，阿光還是兩手空空。這天他看著眼前的閃亮轎車，忽然大嘆一聲：「唉！賣了吧！」

是的，最後他還是把車賣了。

但這筆錢也只夠他還地下錢莊的債啊！銀行的卡債還是沒著落，阿光不免感嘆自己接下來的生活仍然得悽慘好一陣子。

當社會很努力爲負債人口找出口時，那些多數以享樂主義優先，落得樂極生悲的人們，有多少人認眞看清自己的偏差？

奢華一如烈酒，酒精濃度十分高，飲用時雖然暢快，但是一旦飲用過量，

不只會迷失自己，更會因而中毒喪命啊！

不要盲目相信藉由名品加持便能提升一個人的地位，更不要相信華貴事物可以用來襯托一個人的質地。有價就是有價，我們不會因爲人們怎麼看待而讓地位有所增損，更不會因爲少了些什麼，而失去自己的價值。

其實，有錢人有他們的苦和憂，平凡生活的我們，更有名人所沒有的生活自由與快樂富足。簡單來說，沒錢有沒錢的生活方式，懂得知足，嚼菜根也似品山珍，懂得簡單幸福的道理，居住陋巷也有如置身生活時尚圈。

所以，聰明的你還是早早把奢華假面摘下，然後用心體會平淡生活的快樂。跟著你將會發現，奢華生活雖然迷人，但總不及簡單生活來得自在啊！

8.
PART
心情樂觀就能渡過難關

二十世紀最偉大的發明家愛迪生曾說：
「不管環境變換到何種地步，
我的初衷與希望仍不會有絲毫的改變。」

心情樂觀就能渡過難關

二十世紀最偉大的發明家愛迪生曾說：「不管環境變換到何種地步，我的初衷與希望仍不會有絲毫的改變。」

蘇聯作家愛倫堡曾經說過這麼一段話：「對一個人來說，日子過得快不快活，不在於他的家世、他的膚色、他的財富，或是他擁有什麼權力和地位，而是他用什麼心情面對自己的人生。」

其實，人生會有多少價值，完全在於自己如何經營，只要叮嚀自己隨時保持積極樂觀的心情，就能營造出美麗的人生。

從心理學而言，感到絕望與對令人絕望的狀況有所了解，是兩種完全不同

的心理狀態。後者是客觀地認識自己所處的情勢，前者則是無法客觀地審視自己的處境。

所以，當我們感到絕望時，只要能設法弄清楚局勢，不但能使心情樂觀，還可以讓自己走出絕望之外。

第二次世界大戰爆發前，國際政治局勢充滿濃烈的火藥味。

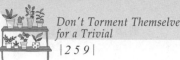

由於戰爭已經到了一觸即發的局勢，有位英國政府官員驚慌地對首相邱吉爾說：「我認為事情已經到了完全絕望的地步。」

邱吉爾聽完卻若無其事地說：「不錯，情勢是已經到了無以復加的絕望地步。」但是，他接著又說：「不過，面對這樣緊張的局面，我覺得自己似乎年輕了二十歲。」

許多人陷入絕望狀態時，總是想盡辦法逃避，但是，邱吉爾卻選擇面對、接受，即便遭遇再絕望的情況，也能用樂觀的心情加以面對，讓自己充滿奮鬥

的精神。

二次世界大戰結束後，邱吉爾的生活由絢爛歸於平靜，有一次他應邀到劍橋大學爲畢業生致辭。那天，他坐在貴賓席上，頭戴一頂高帽，手持雪茄，一副優游自在的樣子。

經過隆重的介紹之後，邱吉爾走上講台，兩手抓住講台，認眞地注視著觀衆不發一語，大約有二分鐘之久。然後，他才開口說：「永遠，永遠，永遠不要放棄！」接著又是一陣靜默，然後他又再一次大聲重複說：「永遠，永遠，不要放棄！」

這是歷史上最簡短的一次演講，也是邱吉爾最膾炙人口的一次演講，不過，這些都不是重點，重要的是你聽進邱吉爾的忠告了嗎？

做任何事一旦半途而廢，不管你前面付出了多少，立刻都會化成一陣白煙消失不見，經不起任何風吹雨打及考驗的人，根本別想獲得勝利。

當你聽到邱吉爾的這番話時，你能感受他勇於面對生活的力量，從而給自己一點堅持的勇氣嗎？

二十世紀最偉大的發明家愛迪生曾說：「不管環境變換到何種地步，我的初衷與希望仍不會有絲毫的改變。」

只要你記得，不到最後關頭絕不言放棄，堅持不懈的努力，你才會獲得人生中最美味的果實。

人生的遠景充滿無限可能

俄國作家契訶夫說：「路是人的腳步走出來的，為了多闢幾條路，必須往沒有人的地方走去。」

激勵大師拿破崙．希爾說：「思想僵化的人永遠不會有所發展。」這是因爲，思想僵化的人，習慣以固定的方式做事，也喜歡過著一成不變的生活，不願去嘗試變化，因此生活彷彿是一潭停滯不動的死水，無法孕育出新的生機。

拿破崙．希爾曾經聘用了一位年輕的小姐當助理，工作大致是拆閱、分類及回覆他大部分的讀者信件，另外還有一項工作是聽他口述並記錄信的內容，她的薪水和其他助理相同。

有一天，拿破崙．希爾說了一句格言，請她把這句話記錄下來：「記住，你唯一的限制，就是自己腦海中所設立的那個限制。」

當她把打好的紙張交給拿破崙．希爾時，對他說：「這句格言讓我得到了一個啓發，相信對你我都非常有價值。」

這件事並未在拿破崙．希爾的腦中留下特別印象，但是，從那天起，他卻感受到這句話對這個女助理產生深刻影響。

從此以後，她在用完晚餐後便又回到辦公室，並且做一些不是她份內而且也沒有加班費的工作。

她會把寫好的回函信送到拿破崙．希爾的辦公桌上。

她認眞研究了拿破崙．希爾的處理風格，因此，這些信跟他所寫出來的一樣好，有時甚至更好。

她非常努力認眞，工作態度也一直保持良好，有一天，拿破崙．希爾的私人秘書辭職，當他準備找人來遞補這個空缺時，卻驚訝地發現她已經主動地接收了這項職位。

因爲，在下班之後，沒有支領加班費的情況下，她已經把自己訓練成出任拿破崙．希爾專屬秘書的第一人選。

由於這位年輕小姐的辦事效率太高，引起其他人的注意，不斷有人提供了很好的職位想請她擔任。於是，拿破崙．希爾不得不多次提高她的薪水，到後來，薪資竟提高到她初到之時的四倍。

因爲，她讓自己不斷增值，雖然之前辛苦的付出，但那卻成了她最佳的籌碼，使得拿破崙．希爾完全不能缺少她這個幫手。

是什麼力量讓這個年輕小姐有這樣的成功？

那就是積極向上的進取心，使她在競爭中脫穎而出。

有一位老師經常向那些自稱擁有三十餘年教學經驗的老師，提出這樣一個問題：「你確定自己眞的教了三十多年書，還是只教了一年書，然後把它重複了三十多年？」

聽得出這位老師的意思嗎？

俄國作家契訶夫說：「路是人的腳步走出來的，為了多闢幾條路，必須往沒有人的地方走去。」

你還在過著日復一日重複自己影子的生活嗎？每天問一問自己：今天和昨天有什麼不同，有什麼新的啓發？

當你在生活中努力發揮自己的多元能動性，你才會知道未來充滿無限可能，只要自己願意去開創。

為什麼別人會拿繩子請你自殺？

俄國文豪高爾基在短篇小說《時鐘》中寫道：「人有兩種生活方式：腐爛或燃燒。膽怯而貪婪的人選擇前者，勇敢而積極的人選擇後者。」

儘管有人說，沒有雄心壯志的人，生活就會缺乏偉大的動力，自然無法有傑出的成就，但是，過度的渴望，常常會導致極度的失望。

其實，不必給自己太多偉大的志向，只要知道什麼才是生活的意義，把握當下去做你真正想做的事，就算那只是件芝麻綠豆般的小事，也都會使你的生活中變得不平凡。

眞正懂得自在生活的人，並不是什麼都不做，而是能夠知足微笑地面對眼

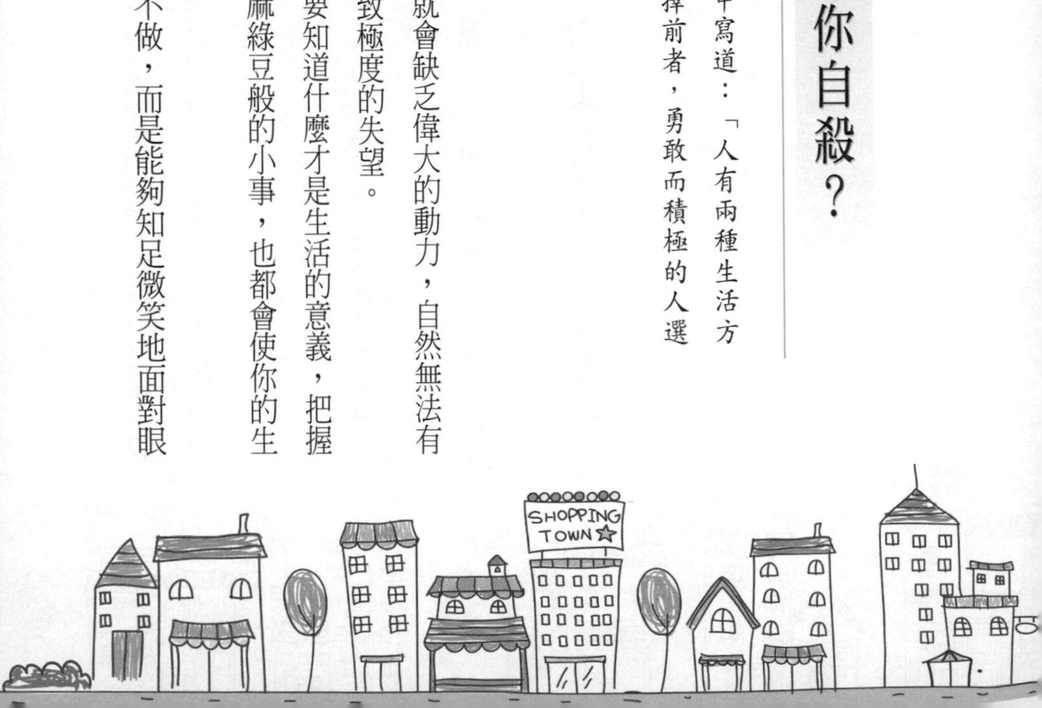

前的一切，依照自己的意志去做對生命有意義的事。

就算日子充滿苦惱，我們都要設法做主宰命運的人。

有個年輕人躺在公園的椅子上曬太陽，衣衫襤褸、神情萎靡，一直有氣無力地打著哈欠。

這時，有一個老伯伯走了過來，看著他，忍不住好奇地問：「年輕人，難得天氣這麼好，你不去做些有意義的事情，怎麼懶懶散散地在這裡曬太陽？豈不是辜負了大好時光？」

「唉！」這個年輕人嘆了一口氣說：「在這個世界上，我除了這個軀殼外，已經一無所有了，又何必費心費力地做什麼事？我啊，每天在這裡曬曬我的身體，就是我唯一可以做的大事了！」

「你沒有家嗎？」老伯伯好奇問。

「當然沒有，」這傢伙吃驚地回答：「你知道，與其背負家庭的重擔，倒

不如沒有比較好。」

「難道，你都沒有喜愛的人？」

「沒有，與其愛過之後反目成恨，不如乾脆不去愛。」

「那朋友呢？」

「也沒有，與其得到之後可能還會失去，不如乾脆沒有。」

「那你怎麼不想去賺錢？」

「那更不想，你想想看，錢賺了之後又會花光光，那何必勞心費力把自己搞得那麼累？」

「喔？是這樣嗎？」老伯伯若有所思地對他說：「看來，我得快點幫你找根繩子才行。」

「找繩子？幹嘛？」這年輕人好奇地問。

「幫你自殺啊！」老伯伯一臉認真地說。

「自殺？你幹嘛叫我去死？」這年輕人驚詫地叫了起來。

老伯伯看著他說：「是啊，人有生就有死，以你的推論，那與其生了還會

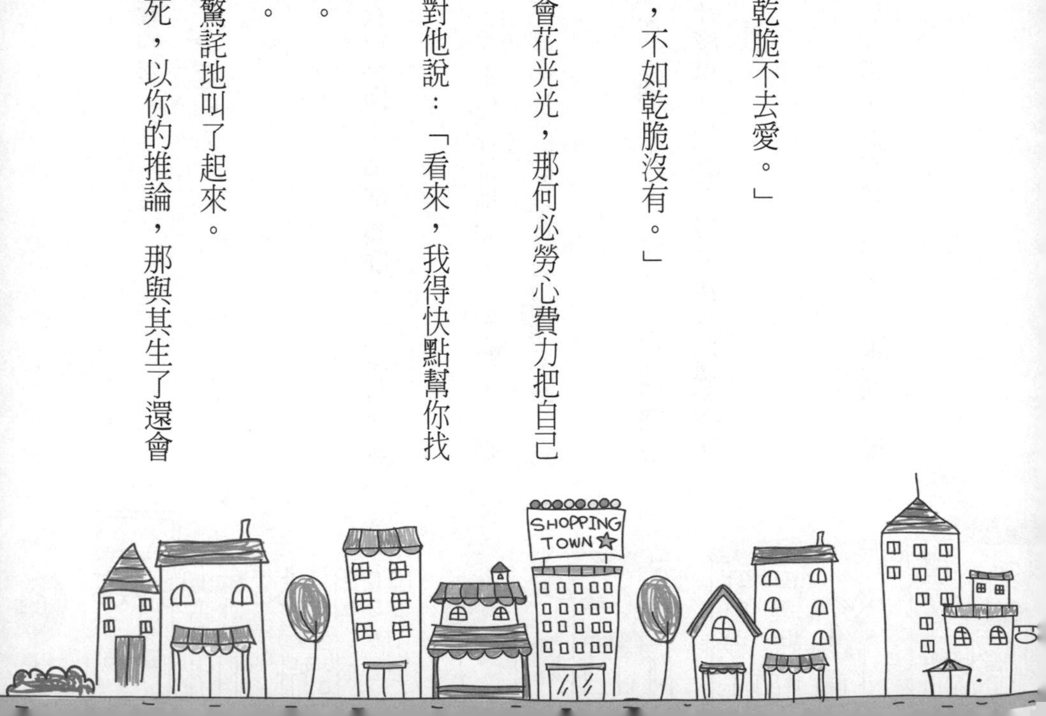

死，不如乾脆就不要出生算了。現在你的存在，根本就是多餘的，那不如死了算了，那不是正合你的邏輯嗎？」

年輕人聽了這話，低下了頭，不敢再回話。

如果你在街上問那些熙來攘往、行色匆匆的行人：「現在你過的，是你眞正想過的生活嗎？」

相信，你會收集到很多「皺眉」和「苦笑」，因爲很多人根本連自己想要什麼都不知道，又怎麼會有開心的生活呢？

俄國文豪高爾基在短篇小說《時鐘》中寫道：「人有兩種生活方式：腐爛或燃燒。膽怯而貪婪的人選擇前者，勇敢而積極的人選擇後者。」

什麼才叫生活的意義，什麼才是生命的價值，每個人的標準不同，但是要找到自己眞正想過的生活，卻是共同的準則。

給你一個良心建議，不必非得豐功偉業，也沒有必要立志當聖人，只要認

眞想想，自己要的到底是什麼，興趣在哪裡，爲什麼而生活，你就不會像故事中的年輕人萎靡地躺在公園的椅子上曬太陽，也不會有人覺得你活著是多餘的，而想找根繩子請你上吊自殺！

有著燃燒的熱情，才能不斷成長

法國文豪巴爾札克在《山間的百合》裡寫道：「熱情就像是熊熊的火焰，是一切的原動力！有無比旺盛的熱情，才可能持續偉大的行動。」

眞正成功的人士總是虛懷若谷，知道自己是一個尚未裝滿的瓶子。

正因爲還沒裝滿，所以他們非常用心尋找生活中的每一個學習機會，隨時聽取別人的建議。反觀我們呢？是不是常常只完成了一件小事，就志得意滿，不屑別人的意見？

人生想過得多彩多姿，並沒有什麼特別秘訣，只要謙沖爲懷，隨時保持學習的熱情，就不會失去成功的機會。

曾在紐約市戴爾・卡耐基學院任職的激勵作家齊格，在授課時認識了一位十分傑出的推銷員埃德・格林。當時，埃德・格林已經六十歲了，年收入大約有三十五萬美元。

有一天晚上下課後，齊格和格林聊天。他直率地問格林，爲什麼要來卡耐基學院上課，因爲所有老師的薪水加起來也比不上他。

格林笑著述說自己小時候的一則小故事。

當格林還是一個小男孩的時候，有一次和爸爸到後院的菜園裡照料蔬菜，他的爸爸是個非常專業的園丁，相當熱愛在園子裡耕作，也常常爲自己的收成而開心不已。

當他們整理完菜園後，他的爸爸問他從中學到了什麼。

格林回答說：「我只知道爸爸非常用心在經營這片菜園。」

但是，對於這個回答，他的爸爸有些不滿意，對他說：「兒子，我希望你

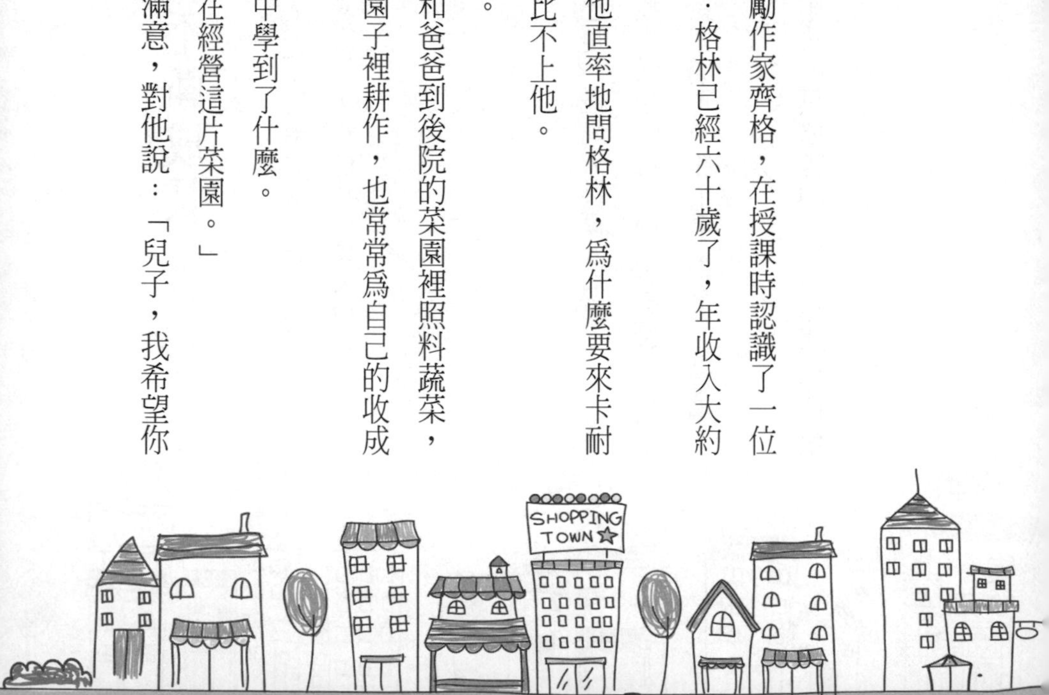

能夠學會觀察，當這些蔬菜還青綠時，它們仍在生長；一旦它們成熟了，你就會發現它們已經開始腐爛。」

埃德．格林講完這個故事後，說：「我一直沒有忘記這件事，我來這裡上課，是因為我想讓自己保持成長。」

他並向齊格說，他從這些課程學會了一些東西，而且完成了一筆生意，那個是他花了兩年多的時間試圖完成的交易，他相信這些付出的錢，都將會加倍的回收，所以非常值得。

法國文豪巴爾札克在《山間的百合》裡寫道：「熱情就像是熊熊的火焰，是一切的原動力！有無比旺盛的熱情，才可能持續偉大的行動。」

你是否對生活充滿熱情呢？有沒有像埃德．格林一樣，保持生活中學習的熱情，讓自己不斷成長？

世間沒有單純的幸福，也沒有單純的不幸，它們就像骨和肉一樣，相互連

結在一起，也像是人生樂章當中相互交錯的旋律。

因此，無論身處順境或逆境，都必須提醒自己用更多的熱情面對。努力吸收，認真充實自己，如果你保持追求成長的熱情，那麼就算你只是抬頭望了望天空，也會從任何飄過的流雲中得到生命的啓發。

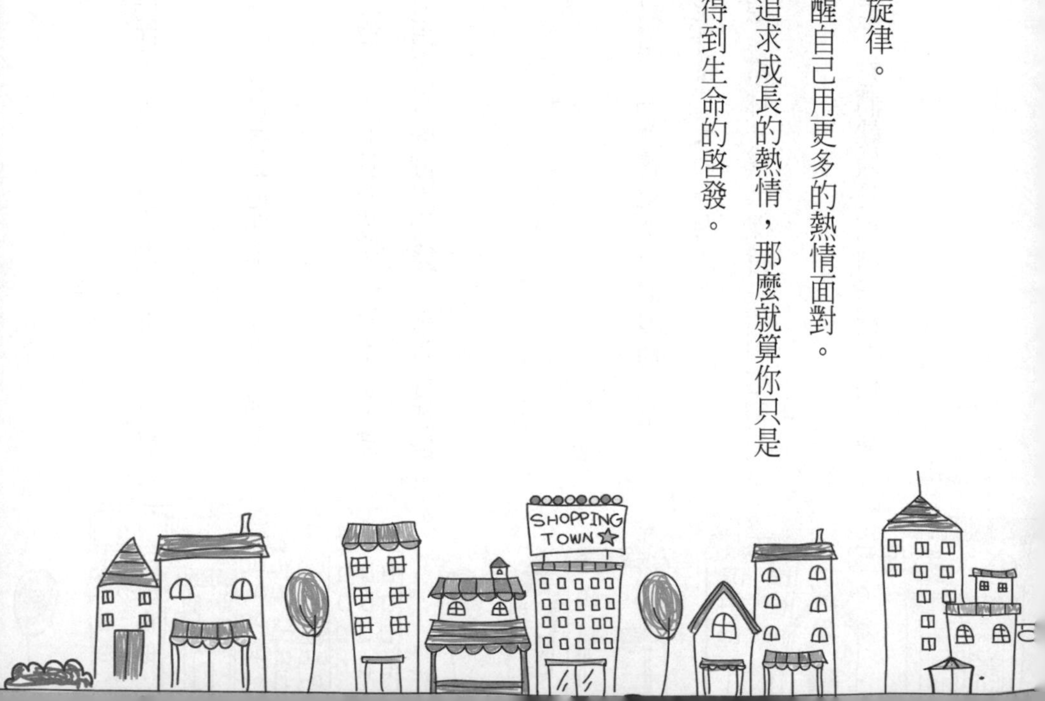

你為什麼只有羨慕的份？

德國詩人海涅在《還鄉集》裡寫道：「我的心啊，你要忍受命運的打擊。冬天奪走的東西，到了新春就又會還給你。」

美國心理學家愛彌爾．庫耶曾說：「只要你充滿自信，即使是高聳入雲的群山，你也能將它們移走。相反的，一旦你自己退縮，即使是一小撮土堆，你也會把它看成萬仞高山。」

自信所創造出的奇蹟無所不在，想成為一個成功者，遇見困難的時候，就要充滿「我一定可以」的信心，勇敢去做自己不喜歡卻非做不可的事，活用腦力拓展生命的深度與寬度。

才跌倒了幾次，你就再也不站起來嗎？

如果是這樣，那你就像那些被魚刺噎了一次，就再也不願嘗試魚鮮美味的人一樣，想獲得成功，無異是件緣木求魚的事！

「百折不撓」不僅僅是一句掛在嘴上欺騙自己的成語，而是你可以付諸實現的座右銘，當你看著別人的成功而欣羨不已，不如告訴自己：「再多的困難我都不怕。」

有一位將軍的朋友們非常欣羨他擁有的財產和好運氣，每當這個時候，這位將軍就會淡淡地向對方說：「你嫉妒嗎？其實，你也可以很簡單就得到這些財富。」

他會帶著朋友到院子裡去，然後對他們說：「你往前走，站在距離我五十步的位置，我用這支手槍對你開個兩槍，如果我不能打中你，我的所有財產都歸你，如何？」

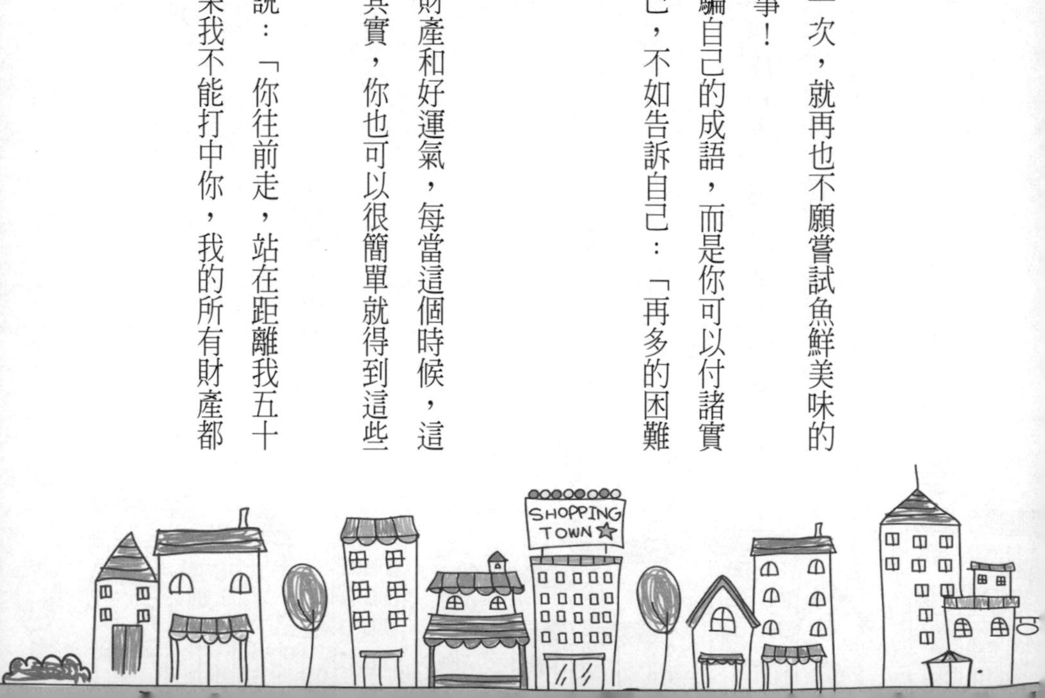

友人一聽，莫不嚇了一大跳，顫抖著身子說：「我一點也沒有嫉妒你，你別開玩笑了。」

這位將軍接著會嚴肅地說：「你不願意嗎？很好，那麼請你記住，我今天的一切都是在槍林彈雨中努力得來的，我經歷好幾次出生入死的過程，才到達你們羨慕的成就，我所有的付出和辛苦是你們想像不到的。」

德國詩人海涅在《還鄉集》裡寫道：「我的心啊，你要忍受命運的打擊。冬天奪走的東西，到了新春就又會還給你。」

任何有成就的人或你心目中的偉人，沒有一個不是經歷了種種挫折和苦難，歷經了千辛萬苦才走到今天的輝煌境地。

他們有一個共同的特色，就是百折不撓、越挫越勇，磨練了一身好功夫後，才在劇烈的競爭中嶄露頭角，脫穎而出。

很多人只會羨慕別人功成名就，老是嫉妒別人的幸福富裕，卻看不見他們

的辛苦付出，看不見他們走在危險路上的努力痕跡。

麻煩闔上你那羨慕的眼神，先好好做個功課，探究他們的成功過程，你就會知道爲什麼你只有羨慕的份了。

倘使不想只是羨慕，那就請你好好努力。不要害怕困境，人生裡每一個問題的出現都有特殊的用意，只要你能百折不撓的面對每一個難題，你才能長久擁有得來不易的成功。

每個巔峰都是另一個突破自我的開始

英國作家普賴爾曾說：「人應該像凌空翱翔的雄鷹，永遠把眼光盯在高聳入雲的目標上。」

幽默劇作家蕭伯納說：「人能爬到至高的頂點，但不能久居在那裡。」很困惑吧！我們不是都爲了攀到最高點，所以「堅持不懈」、「永不放棄」或「保持熱情」的嗎？爲什麼不能久居呢？

這是因爲人到達巔峰之後，必須懂得「歸零」，讓自己重新開始。

達到了一個階段之後，就是另一個階段的開始，生命若是能夠如此，你就沒有什麼做不到的事，因爲你知道如何不斷地提昇自己，也知道要虛懷若谷地

面對成功。

「抵達了至高點」不是一個結束，而是能讓生活繼續的開始。

著名的律師威廉斯曾經說過一段膾炙人口的話，他說：「我認為『成功』或『勝利』的定義，是用最大的限度來發揮你的能力，包括體力、智力以及精神和感情的力量，不論你做的是什麼事情，只要做到了這一點，你就可以感到滿足，認定自己就是個成功者了。」

就像威廉斯所說的，只有一個人的能力發揮到最大限度才叫成功，那麼成功肯定是沒有止境。

就算你在某個領域已經成功，你也不想停留在頂端，而是會繼續開心地朝另一個領域前進，因爲你的能量並沒有發揮完畢，你還有很多可以做的事，可以在成功之後，獲得更大的成功。

所以，即使你已經很成功了，也不要因此自滿，更不要生活在一時或過去

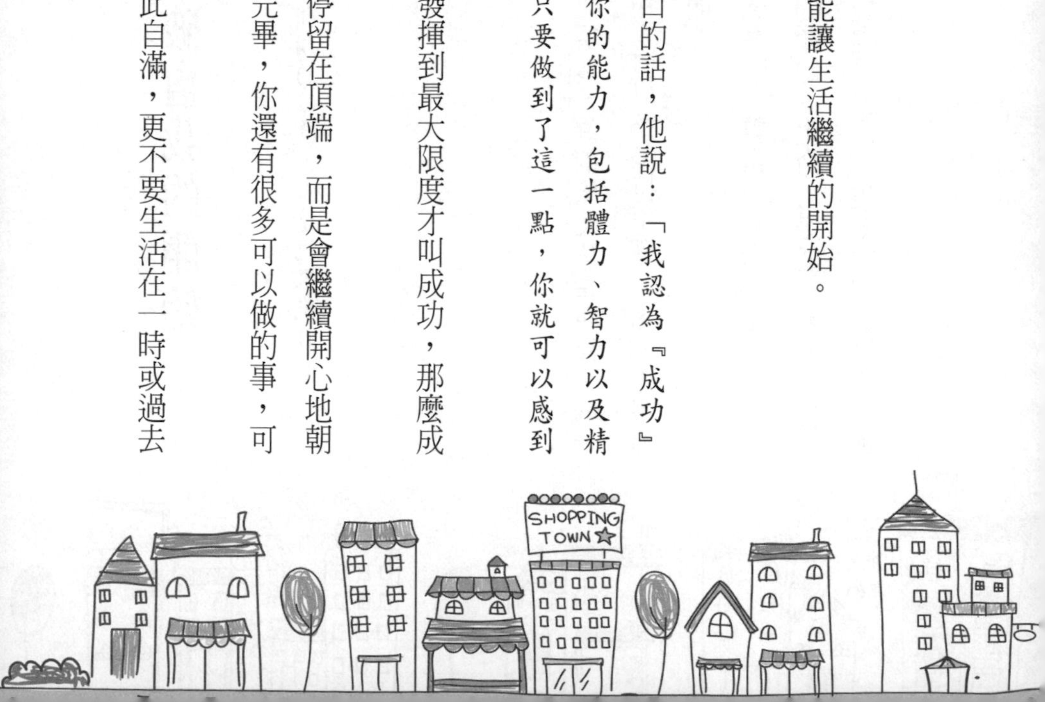

的榮耀之中，畢竟成功不是人生停留的唯一歸宿，也不要讓昨天的成功影響了今天的工作。

英國作家普賴爾曾說：「人應該像凌空翱翔的雄鷹，永遠把眼光盯在高聳入雲的目標上。」

人生，直到走入塵土前，都應該不斷地以超越自己爲目的，而不是只爲了一個願景的實現而滯留不動。

德國鐵血宰相俾斯麥到了七十歲，還孜孜不倦要開創自己人生的新遠景，曾在十九世紀擔任四任英國首相的格萊斯頓，到了七十歲還勉勵自己學習新語言。正因爲他們不斷地超越自我，所生命才有非凡的成就。因此，人必須把高峰的高點當做另一個新起點，而不是往下走回山谷底的終點。

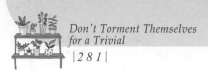

只有過人的能力才能讓你東山再起

福特汽車的創辦人亨利．福特說：「在這個世界上，唯一可以保障你的，就是你的知識、經歷和能力。」

很多人只會注意到機會的有無，反而忽略了自己能力的提昇。

其實，只要是有能力、有實力的人，遭遇困境之時不放棄自己，肯努力爭取，機會就能隨時出現。

一九七八年，汽車界的名人李．艾柯卡莫名其妙地被福特汽車公司的董事

長福特二世解僱了。

艾柯卡出任福特公司的總經理之後，曾爲福特公司創造輝煌的業績，當時他正率領著福特公司全體員工，不斷地銳意革新，準備要和通用公司一拼高下。但是，福特二世發現艾柯卡的地位和威信與日俱增，開始威脅到他的領導權威，於是突然宣佈解除艾柯卡的總經理職務。突如其來的變化使艾柯卡一下子從山頂摔到了地面，陷入個人生涯事業的最低潮。

還好艾柯卡的經營管理能力，早就衆所皆知，他憤而離開了福特公司，應克萊斯勒公司邀請出任總裁，站在起跑線上，再次重新出發。

儘管當時的克萊斯勒公司處於最嚴重的營運危機之中，連許多政府官員都預測，克萊斯勒公司就快要破產。

但是，艾柯卡卻憑著自己的才能和衝勁，率領全體員工努力奮戰，他勉勵著所有員工說：「只要我在，公司就不會倒！」

終於，艾柯卡反敗爲勝，使克萊斯勒浴火重生，擺脫了虧損局面，漸漸提高市場的佔有率，更提前把七年的貸款都還清了。

克萊斯勒的浴火重生，讓艾柯卡再一次贏得了各界的讚譽和名聲，也讓他重登事業的巔峰，這全靠著他的積極行動所獲得的成果。

福特汽車的創辦人亨利．福特說：「在這個世界上，唯一可以保障你的，就是你的知識、經歷和能力。」

想要在這個競爭劇烈而又變幻莫測的時代出人頭地，一定要擁有過人的本事。能力不是一天就能培養起來，必須靠著日月的累積。如果你不想錯過任何機會，那麼就要把自己變成擁有實力的人。

人生的成敗全看你的能力，只要具備了過人的能力，不管走到哪裡，就一定會得到重用，即使失敗了，也能讓你迅速地「東山再起」。

趁現在，把心中的愛說出來

回到家，不要再只顧著索取安撫安慰，而是要多一點回饋。回饋父母對我們的想念，更回饋他們一直以來的支持與恩惠。

如果不是父母，怎麼會有我們？

如果不是父母，我們又怎麼會有這麼棒的人生機會？

大多數人的一生成就，是因父母而得，再回想父母的教訓，其實也都爲了我們好。所以，想反哺回饋的人，不要再等待，現在就是最好的時候。

反饋父母很簡單，不需要放下一切去全天候陪伴，有時只要一通電話和一個現身微笑，對他們來說便是最好的回饋安慰。

準備回到另一個家了，啓程時，采眞向爸媽告別，爸爸叮囑她路上要小心，要注意安全，要保重身體，媽媽則關心地問道：「還缺什麼？雨傘和藥帶了嗎？到了一定要先打電話回家啊！」

采眞點了點頭，然後輕聲地說：「再見。」

抱起兒子走出門，上車時，她回頭看了一眼，卻發現母親仍站門邊，光線照在母親蒼老的臉上，微風吹動她的滿頭白髮，髮下的目光似正努力地想再多看一眼自己孩子的身影。一瞬間，采眞紅了雙眼，情緒波動，令她衝動地想奔下車，再一次用力的擁抱媽媽。

她知道，對母親來說，她仍然只是個遠行的孩子。不管走得多遠，她始終是她的牽掛和思念，或者沒有人能瀟灑放下一切吧！回想起孩提時，那無盡的快樂時光，那無憂無慮不必理會一切世事的時光，諸多值得回味的人事物，至今獨獨只有家人最叫她懷念牽掛。

望著越來越模糊的母親身影，想起自己懷孕的那一刻，剛剛體認到母愛的活力，那是可以爲了孩子捨棄一切，甚至生命的堅決勇氣，從前不懂母親的嘮叨，如今也身爲人母的采貞，終於知道這個「幸福的嘮叨」！

母親的身影依然站立在門邊，此刻已是她視力無法望及的距離，但她的視線仍未離開，身子也尚未移動，因爲她知道，孩子依然望著她，她想著的卻是：「讓孩子多看一眼，讓她多一點安慰！」

采貞終於忍不住掉下眼淚，身旁的孩子看見母親傷心落淚，乖巧地拍了拍她的胸前，采貞笑著抱起了孩子，心裡想著：「我不只屬於自己，更永遠屬於父母和孩子的！」

看到這兒，想必觸動了不少遊子的心，同爲出外遊子的你，此刻是否也想起了家中父母的景況？又是否也想起了父母親的甜蜜嘮叨，和一段段滿是關愛情意的爭執畫面？

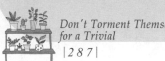

每個人總要經歷一些事情之後才懂得珍惜，也總要面對一些可怕現實的人事物後，才知道哪些人事物才是眞情可愛的。一如故事中的父母，多少孩子不是在自己也成爲人母人父之後，才知道身爲父母的辛苦與難爲？或是在外遇到挫折之後才知道，原來無論身邊的朋友怎麼誇口情義相挺，始終別有圖謀用心，唯有家人，才願無私眞情相挺？

仔細想想，若不是父母親的默默支持培養自己，我們又怎能學會獨立，並遇見夢想的機會？

不要等到失去的時候才看見這個事實眞相啊！回到家，不要再只顧著索取安撫安慰，而是要多一點回饋。回饋父母對我們的關愛和掛念，更回饋他們一直以來的支持與恩惠。

9. PART
態度正確才能擁有一切

了解自己的興趣喜好，
更了解自己的缺陷問題，
才能即時修正自己的不足和腳步，
也即時抓住真正屬於我們的生活方向。

態度正確才能擁有一切

了解自己的興趣喜好，更了解自己的缺陷問題，才能即時修正自己的不足和腳步，也即時抓住真正屬於我們的生活方向。

哲學家拉爾修曾經說過：「惶惑是一種不合理的煩惱，使人焦灼，使人顛倒，使人認不清當前的環境。」

正因爲認不清環境，人也失去了原本該輕鬆因應的心境。

生活上遇到困難，多數人只會選擇埋怨，卻不是積極的想法子解決；工作上遇到難題，多數人只會選擇怨憤，而不是積極想辦法去克服。

於是，在我們身邊常常聽見「時不我予」的憤慨，也時時得安慰「怨憤難

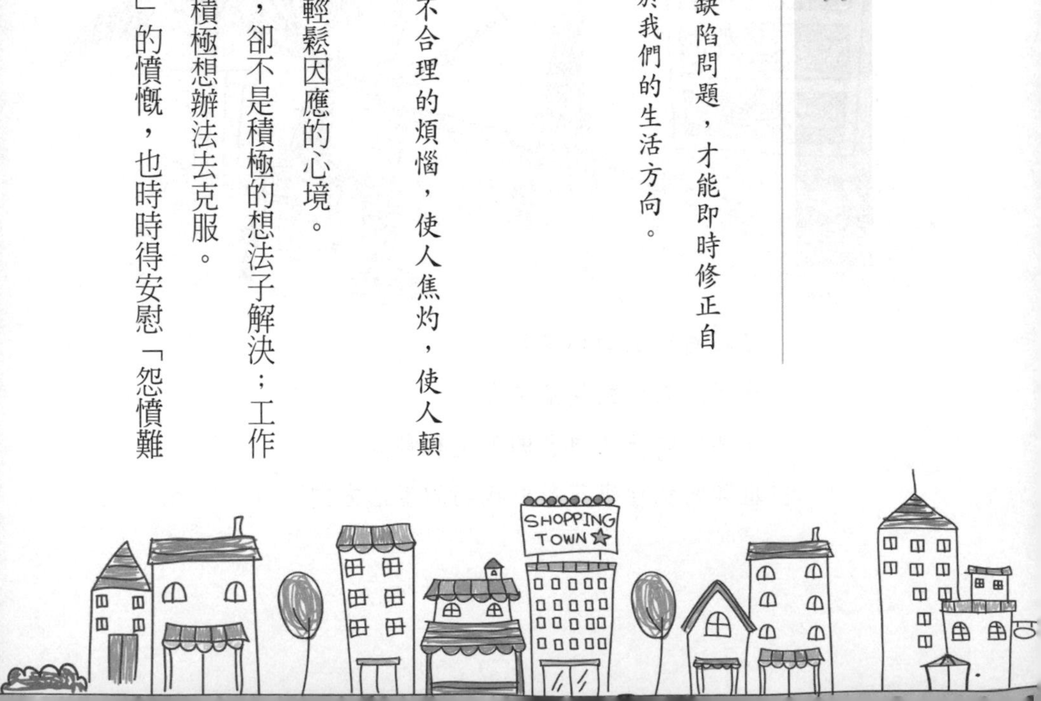

平」的每顆心，只是在安撫過之後，人始終得再面對現實，不是嗎？

放下就是快樂，與其情緒性地抱怨，不如樂觀面對吧！無論工作還是生活上的一切，其實都是純粹無害的。說穿了，若不是我們用錯誤的心態看待，眼前的人事物也不會變得那樣醜惡難看。

小雲大學畢業後，考進了一間貿易公司擔任行政助理，但口拙的她卻經常因爲說話不當而得罪人，工作發展越來越不順心，這也讓原本就不多話的她變得越來越沉默，越來越不願意與人合作溝通。

從孤獨漸成孤僻，工作上她不僅越來越要求自己，也開始越來越要求別人。事事皆求完美的她，讓同事們個個都想躲開她。

這個情況她其實也感到很苦惱，但除了獨自苦惱，始終也找不到辦法，一位好友知道後，忍不住建議她：「找個心理醫師談一談吧！」

「我沒病，看什麼醫生！」小雲嚴厲拒絕。

嘴裡拒絕，可是心裡的苦始終存在，還是得解決。最後小雲還是聽了朋友的勸告，找了一位心理專家聊聊。

心理專家安靜地聽著小雲說話，小雲支吾地說了半天後，專家卻對她說：「妳只相信自己，一點也不相信別人，對不對？妳是不是一直認爲只有自己才是最完美的人？」

小雲一聽，愣了半天，因爲專家竟看穿她的心，還如此直接明確指出她的心結所在，幾經溝通對話後，專家簡單給了她一個「藥方」。

「妳是一個非常聰明的人，對人生與事業充滿了好奇與熱情，但同時妳也是個對自我要求嚴苛的人，是個完美主義者。我認爲，像這類時時都要與人溝通的工作並不適合妳！」

「不然呢？」小雲著急地追問。

「別緊張，要不要重新開始，得由妳自己決定。我的建議是，妳可以試試看獨立作業的工作，像是畫家、雕刻家、設計等，聽得出來你在設計方面的熱情與興趣，何況這方面的需求量還蠻大的。」專家安撫著小雲說。

聽了專家的話，小雲有些凝重，但不再有太大反應，因爲她確實從小就對藝術特別感到興趣，也一直都在學習進修中，只是因爲一時找不到方向，這才找上行政助理的工作。

半年後，她再坐在專家面前時完全變了一個人，燦爛的笑容掛在臉上，面對著專家，不斷述說著自己的轉換與成功。現在的她，已是某間廣告公司的設計主任，今天特地撥時間來向專家道謝。

聽見心理醫師的分析，或許不少人也覺得自己工作不順，是出在工作的適宜與否，但轉念一想，問題眞的是如此嗎？

回頭看看小雲，相信不少已有工作歷練的人早就發現，她的問題不只是工作適不適宜的問題而已，還包括她一直不肯誠懇看待與面對的工作態度。心直口快不會是阻礙，口拙內向更不會是妨礙，重點在於她對人事處理的心態不對，所以才讓她諸事不順！

當然，找出自己心中最想要的工作目標十分重要，但是在找到目標之前，我們更要好好整理自己的心態。

不是走向夢想中的工作後，那些麻煩和困難便不再，若是未能將處世態度修正，相同的人事問題一樣會一再出現煩擾。

若覺得這道理太複雜，或者我們可以把旨意簡化爲「了解自己」四個字。了解自己的興趣喜好，更了解自己的缺陷問題，然後才能即時修正自己的不足和腳步，也即時抓住眞正屬於我們的生活方向。

能夠尊重萬物，才是真正自主

萬物都希望不受任何人控制，可以唱自己想唱的歌，也舞自己想舞的人生。只要有一天，人們真的學會了「尊重」，人人夢想的「人間天堂」自然會出現在你我眼前。

翻開歷史故事，人類爲了自由，用了不少生命換取；爲了擁有完全獨立自主的權利，更是費盡心力苦苦追討。

然而，一頁頁追求自由、獨立的動人畫面，很多時候賺得了人們的眼淚，卻很難眞正打進人們的心裡面。

負面思考不是爲了否定，而是希望我們能再次用心深思。當我們要求別人之前，要想想自己是否常忽略了尊重，當我們想再控制別人選擇的時候，更要

退一步想想，我們是否也能接受這樣的「操控」。

十二歲那年，索爾．貝洛正住在南卡羅州，活潑好動的他很喜歡活抓一些小動物，然後將牠們放到一些小籠子裡玩耍，這個嗜好一直到某件事發生之後，讓他從此對這個動作感到厭惡、氣惱。

經常在黃昏時分來到附近林間裡玩耍的他，每天都會遇到一大群畫眉鳥來到這個樹林歇息、歌唱，美妙的鳴叫歌聲讓威利十分著迷，他常想著：「要是能時時刻刻都能聽見這歌聲，不知道該有多好！」

這個念頭讓他決定了一件事：「對呀！我何不抓一隻小畫眉來飼養，如此不就時時都能聽見這美妙的歌聲？」

決定要捕捉畫眉鳥後，索爾．貝洛天天都在等待落單的小畫眉。有天終於讓他等到機會了，只見他迅速地將網子一收，一隻可憐的小畫眉便被俘虜了。當下，小畫眉便被收進了一只小小的鳥籠內，離開大自然的環境，從此牠

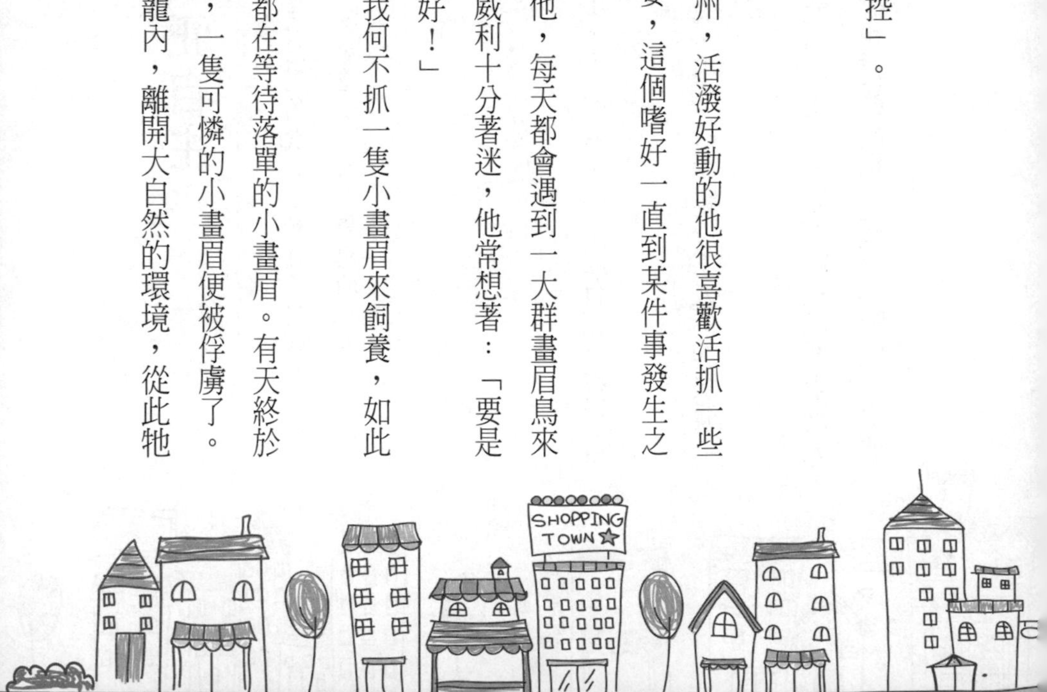

只爲索爾・貝洛一個人歌唱！

他每天都會站在籠子前，靜靜聆聽這小小音樂家的美妙歌唱，樹林裡的合鳴聲再也吸引不了他，因爲索爾正在爲這個「獨享」感到得意開心。

有一天，鳥媽媽出現在索爾家的後院，因爲小畫眉就被擺放在後院那兒。只見鳥媽媽叼來一口又一口的食物來餵食牠的寶貝孩子，索爾發現時還想：「這樣挺不錯的，有鳥媽媽幫忙照顧，這隻小畫眉就不會被我養死了。」

只是，這看似皆大歡喜的事，卻在第二天早晨破滅！一大早，索爾去看他的小俘虜時，卻發現牠已無聲無息地躺在籠子裡，一動也不動。

「怎麼會這樣？牠怎麼死了？不可能啊！昨天鳥媽媽還來照顧牠，我還聽見牠開心唱著歌啊？」索爾急得都哭了！

「怎麼了？」

這個聲音是父親的一位好朋友，也是鳥類學家阿瑟・威利的聲音。索爾聽見叔叔問話，便把小畫眉情況告訴他。阿瑟・威利靜靜地聽完索爾的解說，然後拍了拍孩子的肩膀說：「我想，鳥媽媽大概是覺得，孩子已失去自由，與其被關在籠子裡當囚徒，不如讓牠的靈魂自由，或者會更快樂一些吧！」

索爾一聽，吸了一口氣，再望著籠子裡的可憐小東西，然後點了點頭：

「我再也不捉任何小動物了！」

每個生命都渴望擁有自由，這是生命自主權的定義。特別是人類，從古至今，多少人爲了爭取「自由」而付出代價，一切犧牲，只爲了讓每個生命都能完全地擁有自我操控權。

這個道理人人都知道，卻不是每個人都能做到。好像上面的故事，多數人只記得自己的控制權利，卻忽略了別人的自主獨立權，他們看得見自己想要的，卻從來都忘記尊重別人的需要，不是嗎？

沒有一個生命是不珍貴的，你想擁有完整的獨立自主權利，別人也一樣想擁有獨立自主的決定權。

萬物都希望不受任何人控制，可以唱自己想唱的歌，也舞自己想舞的人

生，一如鳥兒一般，若是牠不想唱歌，任誰也無法逼迫牠高聲歌唱！

回到故事，我們也看見了故事旨意，沒有長篇道理，只有簡單的「尊重」兩個字。只要有一天，人們真的學會了「尊重」，人人夢想的「人間天堂」自然會出現在你我眼前。

要獲得真正的快樂，並不是將快樂抱著不放，而是必須懂得將快樂跟別人分享，懂得將快樂從自己的心中放下。

人生許許多多的困擾和煩惱，其實都來自於我們想要操控某些事情或某些人。如果能夠瞭解幸福快樂只是品嘗豐富生命的過程，而不是結果，那麼我們就能尊重別人，體會「放下」就是最大的幸福快樂。

隨手的幫忙，便有極大的力量

很多時候我們不以為意的小動作，卻常常為別人所重。那些力量雖小，但對他們而言卻常是關鍵的助力。

作家霍桑曾經寫道：「幸福是一隻蝴蝶，你要追逐牠的時候，總是追不到，但如果你悄悄地坐下來，牠也許就會飛到你身上。」

幸福快樂的秘訣是隨遇而安，而不是精打細算地索求。人的期待越大，心理負擔也就越大，又如何讓自己眞的幸福快樂呢？

習慣把回報所得都計算在付出計劃中的人，無法眞正看見回饋。那是因爲，心中越有所圖，付出的動作便越顯虛晃，動作一旦不眞切，人們便得不到

幫助，又怎麼會想付出回饋？

把心思放寬，不要斤斤計較人們該怎麼回饋，真心助人的人從不計較得失。即使他們知道這一舉手有著舉足輕重的分量，他們也不會要求回報，因爲在付出的同時，他們也得到了心中想要的滿足。

在這個移民高峰時期，擔任助理之職的查理，也加入處理移民案件，經常得在半夜三更的時候到移民局救人，甚至還經常周旋於黑白兩道之間。

每天，查理都開著一輛嚴重掉漆的車子，在各個小鎮間奔波。一路的磨練，讓他終於坐上了正式律師的職位。

媳婦熬成婆後，原本一線電話連絡的，如今已增加至四線，辦公室變大了，工作人員也變多了，甚至連那掉漆的車都換成了帥氣的朋馳，出入備受人們的敬重與禮遇。

雖然他的事業發展還算順利，但天有不測風雲，先是一念之差，將資產全

注入股市，卻不熟悉市場，終至慘賠，更不巧的是，該年移民法修改，職業移民的配額一夕遽減，生意頓時跟著一丈千落。

多年累積得到的輝煌一夜之間倒下，讓查理一時間不知所措，但是，就在這個時候，他突然收到一封信，那是一家公司總裁寄的，上面寫著：「我願意將公司百分之三十的股權轉讓給您，並聘請您成爲本公司及其他兩家分公司終身的法人代理。」

查理讀完信，仍抱持懷疑：「眞有這麼好的事？」

爲確認眞實性，他決定親自找上門，總裁是一位四十歲的波蘭裔男子，一見面，總裁便問他：「還記得我嗎？」

查理搖了搖頭，總裁則笑著點頭，然後從抽屜裡拿出了一張泛黃的十塊錢匯票，上面還夾了一張名片，名片上印著查理的地址和電話。

查理一看，卻一點也想不起竟有這麼一件事，這時總裁說：「這是十年前的事情了！當時我在移民局排隊辦理工作卡，然而排到我時，移民局就快到休息時間了。當時，我不知道工作卡申請費用多漲了八美元，移民局拒收個人支

票，我又沒有多餘現金，那天我如果拿不到工作卡，僱主就要另僱他人了。這時，你從我身後遞了八塊錢來，我只好請你留下地址，好把錢還給你，然後你給了我這張名片。」

查理一聽，似乎略有記憶，卻仍有些疑問：「眞的嗎？那後來怎麼了？」

「後來我就在那間公司工作，一直工作到今天。其實我第一天拿到薪水時，就想把這張匯票寄出，但一直都沒有做到。因爲，我想起那個獨闖天下的生活，經歷了數不盡的冷暖與磨難，其中又以這八美元影響最大，是它改變了我對人生的態度，我想，我不能隨隨便便就寄出這張匯票。」

查理聽完這個往事，謙虛地說：「那沒什麼。」

總裁卻說：「無論如何，謝謝你！」

對查理來說，那不過是舉手幫忙之事，老早就忘記了。

很多時候我們不以爲意的小動作，卻常常爲別人所重。那些力量雖小，但

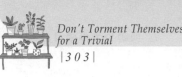

對他們而言卻常是關鍵的助力；反之，看似不經意犯的錯誤動作，卻也可能成了人們一輩子的痛。

助人的道理人人都知道，無關回饋所得，更無關因果結論，真正重要的不過是人人都需要的互動心意，和人人渴求的溫暖情意。

從另一個角度深思，當我們怨怪人心黑暗或社會糟亂時，是否也該想想，這個情況不也是我們共同造成？

別再捨不得伸手助人，其實多數人在冷眼旁觀之後，懊悔未能出手相助的時候遠比助人之後還多。

能幫忙就儘量幫忙，只要我們做得快樂，在所有的分享付出之後，得到的只會是「擁有」而不是「犧牲」。

曾經努力過，才能快樂生活

想快樂過一生，就得時時保持「樂觀開朗」的心，心一開，苦悶工作的情緒將全部不見，充斥怨憤的生活也不會出現。

常覺得薪水收入和付出的努力不成正比的人，其實反而越難等到正比的時候，因爲這一類人總是花費大半時間在抱怨，抱怨時機不對、生活不對。這樣一來，怎麼有心思把握眞正的機會？

想擁有快樂工作的時光，就別讓心思堆滿計較埋怨，生活是喜樂還是苦悶，全由我們自己決定。只要明白了這一點，便會發現，籃子內採收下來的果實，正以倍數成長累積。

這天，哈德良王微服出巡，來到近郊，看見一座果園內有個老人家正勤奮耕種著。哈德良王上前招呼一聲，也提出一個疑問：「您如此勤奮勞動，如果有任何萬一，最終看不見成果或等不到豐收成果，您不會感到遺憾嗎？」

老人家搖了搖頭，笑著說：「那有什麼關係呢？如果我活不到吃無花果的時候，那也沒什麼啊！只要我的子孫們吃得到就好，更何況，我相信老天爺會關照我直到豐收時。」

哈德良王聽了，也笑著說：「好，老先生，請您一定要記住，如果老天爺眞挺著您到豐收時，請您一定通知我。」

說完，哈德良王向老者鞠了個躬後，便告別了。

時間很快地過去了，這棵無花果樹在老人家細心的照料下，終於結成了纍纍果實，讓老人家十分開心。忽然，他想起了哈德良王之前的一席話，於是裝了滿滿一籃的無花果實去見哈德良王。

老人家虔敬地對哈德良王說：「皇上，我就是那個種果樹的老頭，您看，我吃到了這些果實了，這全是我辛苦栽成長大的水果啊！」

哈德良王點了點頭，賜金椅子給老人家坐，甚至還叫人將他籃子內的果實取出，裝入滿滿的黃金。

哈德良王身邊的臣子見狀，忍不住問道：「大王，您真要給這老頭子那麼多獎賞嗎？」

只見哈德良王堅定地點頭說：「老天爺願意給一個勤奮的人如此的機會與支持，怎麼我就不能做同樣的事呢？」

想像著老頭兒年邁的身影穿梭田間，同情心多一點的人不免要嘆：「年紀都這麼大了，實在太辛苦了！」

耕種到底辛不辛苦，應該只有老頭兒知道。但是從他與國王分享果實的快樂中，我們似乎不難看見他的生活態度：「這不是耕作而是生活。努力耕作不只是爲了等待豐收，我更想從中得到生活的充實與快樂。」

看見老人家如此快樂工作，也如此享受人生，是否讓更多人別有一番啓發？不如我們現在一同想想：「到底自己想要什麼？努力工作時，到底埋怨的聲音多，還是歡樂笑聲多？」

若找不到答案，不妨聽一聽哈德良王的心得感想：「無論如何，要平實、踏實地過你想過的生活，也努力更用力的享受你的人生。」

想快樂過一生，就得時時保持「樂觀開朗」的心，因爲心一開，苦悶工作的情緒將全部不見，充斥怨憤的生活也不會出現。轉眼，我們不僅能微笑面對工作，還能學會享受人生中的一切喜怒哀樂！

不怕問題，只怕不肯解題

不要怕問題重重，更不要怕辛苦找尋答案，人生不是為了單純享樂，而是要從問題和困難中，領悟生活和生命的樂趣。

生活中，不怕問題解不開，就怕人們不肯把問題解開。換個角度說，多數困境的造成因素，說穿了，都是因爲人們不願意面對問題，或是不肯把心中困惑說出來，以致苦困其中，無法走出難關。

不必擔心人們不肯聆聽，現實世界仍有它善良的一面，把問題說出來，關心你的人才能幫忙解決，因爲對他們來說，與其毫無頭緒的看你糾眉哭泣，不如多了解一點問題始末，好讓你聽一聽他們的建議。

小馬心中的疑惑又起，但是一想到剛剛才向老師提問而已，現在再問似乎有些太過，怕再度煩擾老師，因而遲遲不敢提出心中的疑問。

但困惑的臉是藏不住的，老師很快地便發現小馬困悶糾眉的臉。於是，老師上前問小馬：「還有問題嗎？」

小馬一聽，滿臉尷尬地點頭：「對不起，事情是這樣的，您曾經給我的答案，我又忘了。我一直很想再請教您，可是又怕惹您生氣，所以……嗯，因爲我已經向您問了好幾次，我……不敢再打擾您。」

看見小馬緊張得支支吾吾，老師笑著搖了搖頭，跟著他對小馬說：「你去點一盞油燈來吧！」

小馬點了點頭，不久便舉著一盞油燈過來，跟著，老師又說：「你再多找幾盞油燈來吧！然後，用第一盞燈火去點燃它們。」

小馬乖乖地點頭照做，等一切動作都完成時，老師又問小馬：「小馬，你

仔細看一看這幾盞燈，你看，其他的燈都是由第一盞燈點燃而成，我問你，第一盞燈的光芒有變弱或變得暗淡嗎？」

「沒有。」小馬搖了搖頭。

「同理可證，不論你問多少次，我也不會有任何損失啊！所以，歡迎你隨時來問我，知道嗎？」老師體貼地說。

小馬一聽，笑著猛點頭。

如此有包容力有耐心的老師，現代似乎已經不多見了。特別是在這個講求速度的社會環境中，不只是教學者耐心明顯不夠，就連學生尋找答案也只想著抄寫，卻懶得加以理解。

抄寫答案當然很輕鬆，可是未經腦子思考理解而得的答案，不僅轉眼便忘，再遇相同問題，同樣會再犯錯，也一樣解不出正確答案啊！

生活不要怕問題重重，更不要怕辛苦找尋答案，人生不是爲了單純享樂，

而是要從問題和困難中，領悟生活和生命的樂趣。

所以，別怕一問再問引人煩惱，因爲這比起一知半解，一再犯錯，反而更能減輕他們的困擾，也更能獲得人們的體諒。

從另一個角度再思考，鼓勵人們多發問之前，我們也要自省，是否能多一點包容心看待人們的一再發問，又是否能多一點耐心與人分享生活的經驗和體會？或許從與他人的提問中互相分享，無形中也增加自己更多生命的智慧。如此利人益己之事，不是讓生活更添風采嗎？

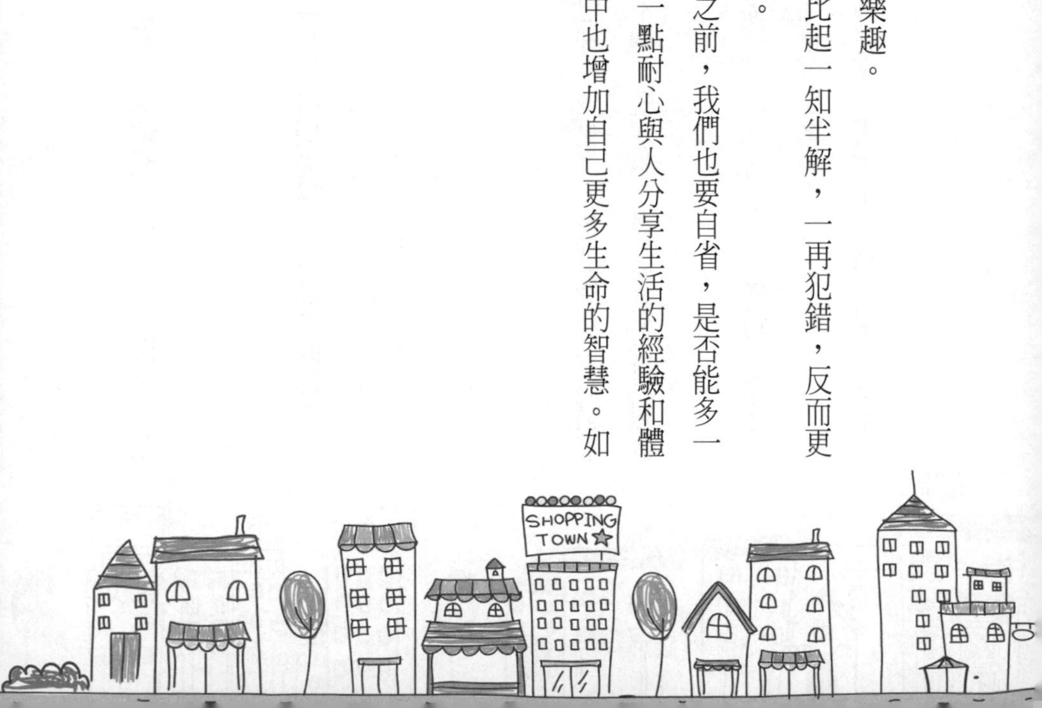

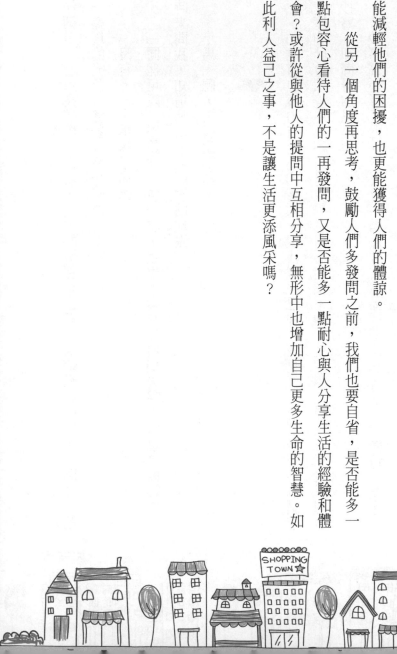

美麗的包裝不是成功的保障

俄羅斯作家格拉寧說：「虛偽不可能創造出任何東西，因為虛偽本身什麼也不是。」

有人說，美麗的外表就像是最好的推薦信，但是，就算你擁有了這封推薦信，如果沒有其他才華，也不代表你一定會被錄用。即使僥倖被錄用了，也不能保證會被重用，充其量只能當個「花瓶」。

古時候，天上的飛禽和地上的走獸爆發了激烈的爭鬥，由於飛禽沒有優秀

的領導者，以致死傷慘重。

有一天，小黃鸝鳥提出建議：「我們應該推選一位勇敢的國王來領導大家，誰是鳥類中最英勇的，我們就選牠出來當國王！」

鳥兒們都贊成這個提議，這時候，一直很想做飛禽之王的孔雀先開口：「各位就選我吧！你們看，我的羽毛是所有鳥類中最美麗的！」說著，孔雀立刻把牠那美麗的尾巴展開炫耀。

鸚鵡首先附和說：「對，能有這麼漂亮的國王，的確是很讓人驕傲的一件事，我們就推選孔雀做爲我們的國王吧！」

但是，麻雀卻提出反駁：「不錯，孔雀是非常美麗，但是，像我們這麼弱小的動物遭到侵襲時，牠有什麼能力來保護我們呢？與其選一個美麗的國王，不如選一個能在危險時挺身拯救我們的國王吧！」

眾鳥聽了麻雀的話，全都點頭贊成，經過投票，最後大家選出強悍的老鷹來當百鳥之王。

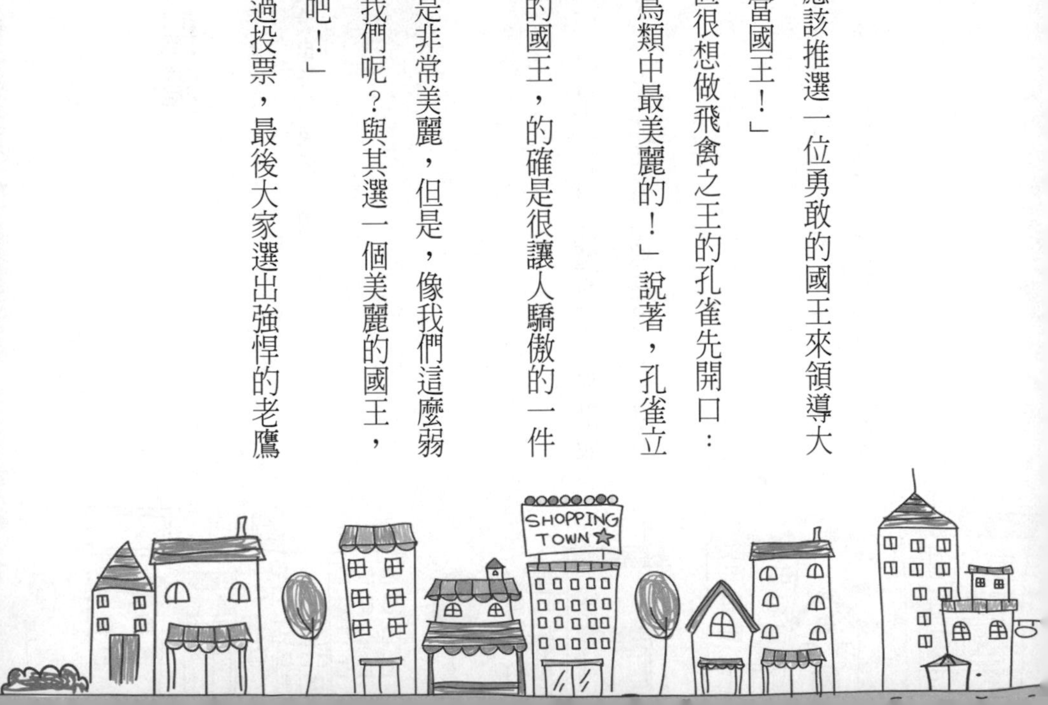

俄羅斯作家格拉寧曾經說過：「虛偽不可能創造出任何東西，因為虛偽本身什麼也不是。」

如果你以爲虛有其表就能矇騙過關，那表示你一直都身處在看不到未來的位置。沒有人不希望晉升，沒有人不希望有一個可以預見的未來，但是在你眺望遠景的時候，別想利用表面包裝來得到成功。

如果你希望能功成名就，那麼就得不斷提昇自己的內涵和能力，那才是你成功的唯一保障。

不否定自己，就沒有人能否定你

聆聽別人意見，不是代表我們就要完全遵照。聽見好的想法，參考學習之餘更要能吸收消化，才能看見能力的累積。

人確實有高有低，但高個兒有高個兒的好處，低個兒當然也有不凡的作用。只要能依個人的需要，也憑個人的本事去發展，不要自我設限，更不要被人們侷限，每個人都有能力經營出自己的一片天。

再聽見別人的否定時，別急著否定自己，我們尊重聆聽，更要相信自己。畢竟他們出聲否定之後，接下來我們始終要靠著自己走下去，若放棄了自己，不能照著自己心意前進，一旦走錯走偏了，我們也沒有立場埋怨。

鶴今天好早就起床了，什麼地方也沒去，卻是拿起針線，開始爲自己的白裙子繡一朵花，她心想：「繡上這朵花，就能讓我變得更妖媚動人。」

才剛穿上線，孔雀便探過頭來問她：「鶴妹妹，妳在做什麼？」

「我正在刺繡，我想在我的白裙上繡上一朵美麗的桃花，好顯現出我的嬌媚囉！」鶴說。

「桃花？爲什麼是桃花呢？這花兒很容易凋落的，太不吉祥了，還不如繡一朵圓仔花，小巧大方又討喜！」孔雀說。

鶴聽了孔雀的話，覺得十分有道理，於是就把剛繡好的金線拆了，轉而改繡小巧的圓仔花。

過了一會兒，當她正繡得入神時，卻聽見雉雞忽然在耳邊說：「鶴姐啊！這圓仔花太俗氣了啦！又單調又沒啥看頭，妳不如繡朵大牡丹，妳想想，牡丹花象徵富貴，若能在妳身上出現，不是更顯雍容華貴？」

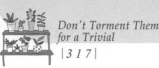

鶴聽了雉雞的話，也覺得很有道理，於是又把剛繡好的圓仔花拆了，便開始繡起了牡丹花。

可是工作到一半時，畫眉鳥忽然飛來，跟著在頭上驚叫著：「鶴大妹子，妳怎麼在繡牡丹啊？妳不是最愛在水池裡棲歇，怎麼不繡荷花呢？妳想想，這荷花多麼清淡素雅，象徵著出污泥而不染，是不是很讓人疼惜愛憐？」

鶴聽了畫眉的話，忍不住點了點頭，深覺十分有道理，於是，她又再將繡好的圖拆了……

就這樣，每當鶴快繡好某一朵花時，總有人又提出不同的意見。於是大家看著她繡了又拆，拆了又繡，就這樣反反覆覆的直到現在，她裙子上還是不見任何一朵繡成的花！

聽慣了別人意見的人，應該很能體會鶴鳥主意以拿難定的心情。同樣的，和鶴鳥一樣經常無法自主決定的人，想必也都曾有過一事無成的時候。他們因爲聽不見自己的聲音，缺乏自我肯定，所以隨時都會被別人鼓動，甚至被導向錯誤的道路上。

花朵千百種，每個人有每個人的偏好，桃花也好，圓仔花也好，富貴牡丹也好，只要自己喜歡，什麼花都好。

只要多一點對自我肯定的聲音，別人就不會出現否定聲音，甚至他們還會因爲你的肯定，而懂得欣賞並肯定平凡小花的美麗。

看著鶴鳥的困惑與拆了又拆的動作，我們也讀到了故事旨意：「既然心中早有了決定，就不該爲了一句話心疑猶豫。」

聆聽別人意見，不是代表我們就要完全遵照。聽見好的想法，參考學習之餘更要能吸收消化，如此一來，我們才能看見能力的累積，也才能贏得人們肯定讚賞的聲音。

別讓小事綁架自己全集

作　　者　宋時雨
社　　長　陳維都
藝術總監　黃聖文
編輯總監　王郡凌
出 版 者　普天出版家族有限公司
新北市汐止區忠二街 6 巷 15 號
TEL / (02) 26435033 (代表號)
FAX / (02) 26486465
E-mail：asia.books@msa.hinet.net
http://www.popu.com.tw/
郵政劃撥 19091443 陳維都帳戶
總 經 銷　旭昇圖書有限公司
新北市中和區中山路二段 352 號 2F
TEL / (02) 22451480 (代表號)
FAX / (02) 22451479
E-mail：s1686688@ms31.hinet.net
法律顧問　西華律師事務所・黃憲男律師
電腦排版　巨新電腦排版有限公司
印製裝訂　久裕印刷事業有限公司
出 版 日　2023 年 12 月第 2 版 1 刷
I S B N◉978-986-389-891-7　條碼 9789863898917

國家圖書館出版品預行編目資料

別讓小事綁架自己全集 /
宋時雨著.—第 2 版.—：新北市,普天出版
2023.12 面； 公分. - (智在人生；09)
I S B N◉978-986-389-891-7 (平裝)

智在人生

09

普 天 之 下 · 盡 是 好 書

普天出版家族
Popular Press Family

凌雲 A-Plus Creative Company 文創